Herbert Österreicher

# Basiswissen Natur- und Umweltpädagogik

für die sozialpädagogische Erstausbildung

1. Auflage

Bestellnummer 04158

Haben Sie Anregungen oder Kritikpunkte zu diesem Produkt?
Dann senden Sie eine E-Mail an 04158_001@bv-1.de
Autor und Verlag freuen sich auf Ihre Rückmeldung.

www.bildungsverlag1.de

Bildungsverlag EINS GmbH
Sieglarer Straße 2, 53842 Troisdorf

ISBN 978-3-427-**04158**-0

© Copyright 2010: Bildungsverlag EINS GmbH, Troisdorf
Das Werk und seine Teile sind urheberrechtlich geschützt. Jede Nutzung in anderen als den gesetzlich zugelassenen Fällen bedarf der vorherigen schriftlichen Einwilligung des Verlages.
Hinweis zu § 52a UrhG: Weder das Werk noch seine Teile dürfen ohne eine solche Einwilligung eingescannt und in ein Netzwerk eingestellt werden. Dies gilt auch für Intranets von Schulen und sonstigen Bildungseinrichtungen.

# Inhaltsverzeichnis

| | | |
|---|---|---:|
| **Einleitung** | | 5 |
| | | |
| **1** | **Naturerfahrungen von Kindern** | 7 |
| 1.1 | Neugier, Wissen und Verständnis | 7 |
| 1.2 | Wertvorstellungen | 12 |
| 1.3 | Individuelles Handeln | 16 |
| | | |
| **2** | **Pädagogische Alltagssituationen als Anknüpfungspunkte** | 19 |
| 2.1 | Im Garten der Kindertageseinrichtung | 19 |
| 2.1.1 | Elemente einer kindgerechten Gartengestaltung | 19 |
| 2.1.2 | Grundregeln einer Gartengestaltung für Kinder | 24 |
| 2.1.3 | Gärtnern mit Kindern | 24 |
| 2.2 | Ausflüge in die Umgebung | 27 |
| 2.2.1 | Der Aktionsraum | 28 |
| 2.2.2 | Naturerkundungen | 29 |
| 2.2.3 | Ausflüge richtig planen | 30 |
| 2.3 | Naturerfahrungsspiele | 32 |
| 2.3.1 | Überraschung, Konzentration und Abenteuer | 32 |
| 2.3.2 | Spielideen für draußen | 35 |
| 2.4 | Essen und Trinken | 43 |
| 2.4.1 | Grundlagen der Ernährung | 44 |
| 2.4.2 | Ernährungskonzepte für Kinder | 47 |
| 2.4.3 | Essbares aus dem Garten | 48 |
| 2.4.4 | Gemeinsames Kochen und Backen | 51 |
| 2.5 | Hygienefragen, Abfall und Müll | 55 |
| 2.5.1 | Sauberkeit um jeden Preis? | 55 |
| 2.5.2 | Abfälle, Altstoffe, Wertstoffe | 57 |
| | | |
| **3** | **Grundwissen Biologie** | 58 |
| 3.1 | Arbeitsbereiche der Biologie | 58 |
| 3.2 | Pflanzen und Pflanzenwachstum | 62 |
| 3.2.1 | Die Fotosynthese | 63 |
| 3.2.2 | Nützliche Pflanzenkenntnisse | 65 |
| 3.2.3 | Achtung: Giftpflanze | 69 |
| 3.2.4 | Wildpflanze oder Kulturpflanze? | 72 |

| | | |
|---|---|---|
| 3.3 | Tiere | 73 |
| 3.3.1 | Kleine und kleinste Tiere überall | 73 |
| 3.3.2 | Beobachtungen von Wildtieren im Jahreslauf | 75 |
| 3.3.3 | Haustiere und Streicheltiere | 77 |
| 3.3.4 | Achtung: Zecke & Co | 79 |
| 3.4 | Lebensräume – Biotope | 83 |
| 3.4.1 | Beispiel Waldrand | 84 |
| 3.4.2 | Beispiel Tümpel | 85 |
| 3.4.3 | Beispiele „Biotoparche" und kleine Terrarien | 87 |
| | | |
| **4** | **Die unbelebte Natur** | **90** |
| 4.1 | Wasser – ein sonderbarer Stoff | 90 |
| 4.2 | Chemie – nicht nur in der Küche nützlich | 93 |
| 4.3 | Steine: Gesteine und Minerale | 96 |
| 4.3.1 | Fundorte und Fundstücke, Namen und Benennungen | 96 |
| 4.3.2 | Auch Steine entstehen und vergehen | 98 |
| 4.3.3 | Steine als Arbeitsmittel und Spielmaterial | 100 |
| 4.4 | Klima und Wetter | 103 |
| 4.4.1 | Im Wechsel der Jahreszeiten | 104 |
| 4.4.2 | Achtung: UV-Strahlung | 108 |
| 4.4.3 | Wetterphänomene beobachten und erklären | 109 |
| | | |
| **5** | **Umweltschutz und Umweltpädagogik** | **112** |
| 5.1 | Eigene umweltpädagogische Zielsetzungen | 114 |
| 5.2 | Eltern und externe Fachleute | 115 |
| 5.3 | Zwischenbilanz als Fazit | 116 |
| | | |
| **6** | **Anhang** | **118** |
| 6.1 | Lösungen und Erklärungen | 118 |
| 6.2 | Einheiten, Maße und Umrechnungen | 135 |
| 6.3 | Glossar | 137 |
| | | |
| **Literaturverzeichnis** | | **143** |
| **Bildquellenverzeichnis** | | **145** |
| **Sachwortverzeichnis** | | **146** |

# Einleitung

Nele, die gerade drei Jahre alt geworden ist, beschäftigt sich seit einiger Zeit besonders gern mit Steinen. In der Kindertageseinrichtung, die sie besucht, findet sie dazu viel Gelegenheit, denn Steine aller Art gehören in gewisser Weise zur „Grundausstattung" dieses Hauses. Etliche der hier arbeitenden pädagogischen Fachkräfte interessieren sich selbst für Gesteine und Minerale und bringen den Kindern immer wieder besondere Steine mit.
Eines Tages wird auf Wunsch der Leiterin ein besonders großer, beeindruckend geformter Findlingsstein angeliefert, der im Kellerflur der Einrichtung seinen Platz findet – dort, wo den Kindern neuerdings eine „Steinwerkstatt" angeboten werden soll. Die Anlieferung des Findlings ist nicht ganz einfach, denn der Stein bringt an die 600 kg auf die Waage und kann nur mit Mühe und dem Geschick einiger tatkräftiger Helfer an seinen Lagerplatz gebracht werden.

Als Nele am darauf folgenden Tag diesen Stein entdeckt, ist sie zunächst sprachlos. Langsam umrundet sie den Stein und betastet ihn erst nach einer Weile, ganz so, als ob sie nicht recht glauben könne, was sie vor sich sieht. Der Sandsteinfindling ist immerhin fast so groß wie sie selbst und ähnelt in seiner massigen, buckligen Form dem Rücken eines großen, unbekannten Tieres.
Nachdem Nele den Stein ausgiebig bestaunt hat, packt sie das Bedürfnis, den anderen Kindern die Neuigkeit mitzuteilen. So rasch sie kann, läuft sie die Treppe ins Erdgeschoss hoch, wo sich einige andere Kinder aufhalten. Nele überlegt kurz, dann geht sie zu einem anderen, knapp zweijährigen Mädchen und nimmt es an der Hand. Betont langsam und mit bedeutungsvoller Miene verrät sie der Kleinen: „Du, da unten liegt ein Riesenstein! Ein Riesenstein, das hast du noch nicht gesehen! Komm mit, ich zeig ihn dir."

Diese kleine Begebenheit enthält im Kern bereits einige wichtige Aspekte einer Natur- und Umweltpädagogik, die sich nicht nur an den Bedürfnissen und Interessen von Kindern orientiert. Es geht auch um die Erwachsenen, das heißt, es geht auch um Sie und alle anderen, die mit Kindern professionell arbeiten: Natur- und Umweltpädagogik verzeichnet dort die meisten Erfolge, wo ein bestimmtes Thema für alle Beteiligten interessant ist, Neugier, Aufmerksamkeit und vielleicht sogar Begeisterung weckt.

Der Aufbau dieses Buches folgt einem inneren Leitfaden, an dessen Anfang die Auseinandersetzung mit den kindlichen Naturerfahrungen an sich steht (Kapitel 1).
Daran anknüpfend befassen wir uns mit Alltagssituationen in Kindertageseinrichtungen, die Gelegenheit für verschiedene natur- und umweltpädagogische Ansätze bieten. Dabei lassen sich fünf Bereiche unterscheiden: das Geschehen im Garten- bzw. Außengelände der Einrichtung, Ausflüge in die Umgebung, Vorschläge für „Naturerfahrungsspiele", Aspekte der Verpflegung mit Essen und Getränken sowie Hygienefragen einschließlich Abfall und Müll (Kapitel 2).
In den beiden nächsten Kapiteln widmen wir uns der Biologie, also Pflanzen, Tieren und natürlichen Lebensräumen (Kapitel 3) sowie den Stoffen und Erscheinungsformen der unbelebten Natur (Kapitel 4).

## Einleitung

Das letzte Kapitel, in dem es um den Versuch einer Verbindung zwischen Umweltschutz und Umweltpädagogik geht, führt uns wieder zurück zu unserer eigenen Situation: wir Menschen als Teil der Natur (Kapitel 5).
In Kapitel 6 stehen die Lösungen oder Lösungsvorschläge zu den Aufgaben, die die Ausführungen der anderen Kapitel immer wieder unterbrechen. Dabei stellen die Angaben in diesem Kapitel mehr als die bloße Beantwortung der jeweiligen Fragen dar. Sie finden hier zahlreiche ergänzende und kommentierende Informationen.

Die Inhalte dieses Buchs orientieren sich an vielfältigen eigenen Erfahrungen und Gesprächen mit pädagogischen Fachkräften und erscheinen durchweg praxistauglich. Selbstverständlich werden Sie manche Anregungen je nach Situation und eigenen Interessen und Arbeitsschwerpunkten etwas variieren. Vielleicht nehmen Sie den einen oder anderen Vorschlag auch zum Ausgangspunkt für eigene neue Ideen und Akzente.

Eine Bitte noch zum Schluss dieser Einleitung:
Haben Sie keine Scheu vor der Fülle naturkundlichen Wissens! Alle naturwissenschaftlichen Disziplinen wie Biologie, Geologie, Meteorologie und andere gliedern sich heute in viele Teildisziplinen und umfassen jeweils einen so großen Wissensbestand, dass auch Experten stets nur einen gewissen Teil überblicken und beurteilen können. Natürlich ist es vorteilhaft und sehr sinnvoll, Kindern beispielsweise etwas über die Lebensweise einer Erdkröte oder das Wachstum von Bäumen erklären zu können, aber für eine kindgerechte Natur- und Umweltpädagogik ist etwas anderes noch viel wichtiger: Es geht hier vor allem darum, die Neugier und Wissbegierde der Kinder zu unterstützen, ihre Begeisterung für Naturphänomene aller Art zu wecken und ihnen ein positives Gefühl für die Natur zu vermitteln.
Diese Überlegungen stehen auch hinter der Auswahl der Themen und Einzelaspekte, die in diesem Buch behandelt werden. Darunter befinden sich auch viele Details, Namen und Begriffe, deren Kenntnis nicht zwingend als „Basiswissen" anzusehen ist. Wenn solche Einzelheiten dennoch vorgestellt und erklärt werden, dann bitte ich Sie, das als beispielhaft für die Fülle einer Natur anzusehen, die wir ohnehin stets nur ausschnittweise erfassen können.

Wenn Sie für die angesprochenen Themen eigenes Interesse aufbringen und Lust an Entdeckungen in und mit der Natur haben, bringen Sie bereits die allerbesten Voraussetzungen mit, um mit Kindern sehr erfolgreich arbeiten zu können.


Viel Freude und Erfolg bei Ihrer Arbeit wünscht Ihnen
Herbert Österreicher

# 1 Naturerfahrungen von Kindern

## 1.1 Neugier, Wissen und Verständnis

Für die kindliche Entwicklung spielt **Neugier** eine sehr große Rolle, die in ihrer Bedeutung nicht unterschätzt werden sollte. Neugier steht am Anfang jeden Interesses und verstärkt die jeweilige Aufmerksamkeit. Zudem führt Neugier nicht selten zu einer besonders hartnäckigen und ausdauernden Suche nach einer Lösung, einer Erklärung oder einem bestimmten Ergebnis. Alles Neuartige oder Ungewohnte kann neugierig machen. Oft führt diese Neugier weit von ihrem Ausgangspunkt fort und ermöglicht ganz unerwartete, überraschende und wichtige Erfahrungen.

*Der Riesenporling, der manchmal plötzlich im Rasen in der Nähe alter Laubbäume zu wachsen beginnt, kann in wenigen Tagen bis zu 50 cm groß werden. Ein Pilz, der nicht nur Kinder zum Staunen und Fragen bringt.*

> *Aufgabe 1.1*
> 1. *Gibt es Unterschiede zwischen der Neugier eines Kindes und der eines Erwachsenen? Wenn ja: Welche?*
> 2. *Was kann Neugier fördern, wodurch wird sie eher gehindert?*
> 3. *Welche Rolle spielt Neugier beim Lernen?*
> *Notieren Sie Ihre Überlegungen, bevor Sie sie mit den Angaben in Kapitel 6 vergleichen.*

Psychologen verstehen Neugier als innere Gegenbewegung zum Streben *nach* **Sicherheit**. Erst beide zusammen, das Streben nach Sicherheit *und* das Bedürfnis nach Herausforderungen, helfen dem Kind (aber auch dem Erwachsenen), sich in einer sich ständig ändernden

Umwelt zu behaupten. Die Suche nach neuen, noch unbekannten Reizen und die Fähigkeit, sie aufmerksam zu erkunden, gehören zu einem Verhaltenssystem, das sich bei Mensch und Tier im Lauf der Entwicklungsgeschichte (**Evolution**) gebildet hat.

*Definition*
*Epistemische Neugier = spezifisches Neugierverhalten, das auf aktive Weise nach Einsichten und Wissen sucht. Dieses Verhalten ist typisch für viele Fragen von Kindern nach der Ursache oder Funktionsweise einer Sache.*

„Etwas Besonderes" zu entdecken bedeutet gerade Kindern sehr viel. Während aber Erwachsene das „Besondere" häufig rasch mit einem bestimmten Geldwert in Verbindung bringen, ist Kindern anderes wichtiger. Schon die Tatsache, etwas selbst gefunden zu haben, kann für sie ein Ding rätselhaft machen – und damit wertvoll.

*Beispiel:*
*Ein Beispiel zur praktischen Umsetzung dieser Überlegungen sind **Suchlisten**, die Sie für verschiedene Rahmenbedingungen und Anlässe leicht selbst erstellen können. Solche Listen – am besten als kleine Karten aus dickerem Papier – finden ihren Einsatz bei Gruppenspielen im Gelände oder an Kindergeburtstagen, zur Auflockerung einer Wanderung, bei Ausflügen einer Kindergartengruppe oder auch bei einem Ausflug mit älteren Kindern zum gezielten Kennenlernen und Bestimmen von Naturmaterialien, Pflanzen oder Spuren.*

| Stoffe und Zahlen, Formen und Farben | verschiedene Materialien zur Gestaltung (z. B. für Mandalas) | ausgewählte Pflanzen bzw. Pflanzenteile und Tierspuren |
|---|---|---|
| • etwas Schönes<br>• etwas Langes, ganz Gerades<br>• etwas Blaues (kein Plastik!)<br>• etwas richtig Rundes<br>• ein angenagtes Blatt<br>• zwei apfelgroße kugelrunde Steine<br>• etwas Weißes (kein Schnee!)<br>• ein (kleines) Stück Müll<br>• etwas sehr Merkwürdiges<br>• etwas sehr Spitzes<br>• etwas Weiches<br>• ein großer bunter Stein<br>• Wasser (in dieser Dose...) | • 100 weiße runde Kieselsteine<br>• eine Tüte voll gelber Blüten<br>• Knochen von einem Tier<br>• 30 Steine mit einem schwarzweißen Muster<br>• 100 ganz gerade, lange Fichtenzapfen<br>• ein Korb voll dunkelgrüner Buchenblätter<br>• viele Streifen Baumrinde (nur von gefällten Bäumen!)<br>• 50 (blaue) Beeren<br>• zwei Eimer voll Sand<br>• zwei Eimer voll feiner, schwarzer Erde<br>• kleine gegabelte Zweigstücke | • Blätter von zehn verschiedenen Bäumen<br>• ein leeres Schneckenhaus<br>• ein Aststück mit Fraßgängen eines Käfers<br>• ein Dorn (kein Stachel!)<br>• ein Gewölle<br>• Zapfen von vier verschiedenen Nadelbäumen<br>• eine Vogelfeder<br>• eine Pflanzengalle<br>• 13 kleine Blüten<br>• einen Baumpilz<br>• ein (Spitzwegerich-)Blatt mit Fraßspuren |

Je nach eigenem Interesse und Umgebung können diese Listen ganz unterschiedlich zusammengesetzt sein. Nur zu lang sollten sie nicht sein. Besser ist es, wenn solche Listen nur etwa fünf bis acht Punkte umfassen, dafür aber in unterschiedlichen Zusammenstellungen häufiger eingesetzt werden.

## 1.1 Neugier, Wissen und Verständnis

Bei der Verwendung solcher oder ähnlicher Sammellisten sind ein paar praktische Dinge zu beachten: So sollten die gesuchten Materialien im entsprechenden Gelände wirklich zu finden sein, allerdings auch nicht allzu zahlreich vorkommen. Unter Umständen ist der Hinweis wichtig, dass keine Tiere „gesammelt" werden sollten und auch keine sehr seltenen, besonderen Pflanzen gepflückt werden dürfen. Im Regelfall wird man darauf schon bei der Zusammenstellung einer solchen Liste achten. Außerdem sind natürlich jahreszeitliche Besonderheiten, der (sinnvolle) Umfang der Liste sowie die Frage der Ausrüstung der Kinder interessant: z. B. Sammelbehälter, vielleicht Pflanzenscheren, kleine Lupen usw.

Falls sinnvoll und möglich, können die gesammelten Materialien anschließend vielleicht sogar für den Aufbau eines kleinen „Mini-Museums" genutzt werden.

Für Kinder, die noch nicht oder noch nicht gut lesen können, sind Suchlisten mit kleinen Skizzen oder Bildern geeignet. Werden Text (Stichworte) und Bild miteinander kombiniert, kann man die Suchlisten auch Kindern mit unterschiedlich guten Lesefähigkeiten zur Verfügung stellen.

*Beispiel einer Suchliste, die sich beinahe überall einsetzen lässt.*

Grundsätzlich betrachtet geht es bei der Befriedigung von Neugier sehr oft darum, möglichst rasch herauszufinden, welche Bedeutung eine bestimmte Sache für uns hat und ob sie wichtig, nützlich oder gefährlich sein könnte. Damit dient Neugier zugleich der Erkundung

*Brachland und „Restflächen" in Siedlungsgebieten oder am Rand landwirtschaftlich genutzter Areale sind für Kinder besonders reizvoll. Hier lassen sich zahlreiche Entdeckungen machen. Die Kinder suchen nach immer wieder neuen Herausforderungen.*

von Unbekanntem wie der Suche nach dem Sinn des Gefundenen oder Entdeckten und bildet den Ausgangspunkt allen **Explorationsverhaltens**.

 *Definition*
*Explorationsverhalten (in der Entwicklungspsychologie) = aktive Erkundung der Umwelt durch ein Kind. Dieses Verhalten ist auf Neugier zurückzuführen und dient vielfältigen Zwecken von der Bedürfnisbefriedigung bis hin zum Lösen bestimmter Fragen und Probleme.*

In immer mehr pädagogischen Konzepten findet sich heute der Hinweis darauf, wie wichtig es für die kindliche Entwicklung ist, Kindern einen erweiterten **Handlungsspielraum** auch und gerade im Freien zu verschaffen. Es hat zwar seine Berechtigung, Gruppenräume und andere Räume einer Einrichtung mit verschiedenen Naturmaterialien zu schmücken, aber das kann den Aufenthalt im Freien und die Wahrnehmungen und Aktivitäten, die dort möglich sind, keinesfalls ersetzen.

 *Aufgabe 1.2*
*Ein interessantes Gartengelände und regelmäßige Ausflüge in die Umgebung einer Kindertageseinrichtung unterstützen nicht nur die Entwicklung der kindlichen Neugier, sondern leisten auch einen wertvollen Beitrag zum Kennen- und Verstehenlernen der Natur.*
1. *Warum ist die Eigenaktivität von Kindern hier so wichtig?*
2. *Welche Gebiete außerhalb des Gartens einer Kindertagesstätte könnte man als Ausflugsziele auswählen? Wovon ist eine solche Auswahl abhängig?*
3. *Was eignet sich in besonderer Weise dazu, eine länger anhaltende und konzentrierte Tätigkeit der Kinder zu fördern?*

Kinder – und nicht nur Kinder! – sammeln auch ohne jeden Auftrag gerne verschiedene Dinge, die ihnen gefallen: meist kleine Dinge wie Steine, Schneckenhäuser, Früchte, Hölzer, aber auch bestimmte nutzlos gewordene Dinge unseres Alltags, rätselhafte kleine Kunststoffteile, Metallstücke und vieles andere mehr. Die Herkunft mancher dieser Fundstücke bleibt unklar, was natürlich erst recht Anlass gibt zum Staunen, Bewundern und Spekulieren. Der Moment des Entdeckens bedeutet übrigens ein *Aufnehmen* im doppelten Wortsinn: Indem wir etwas in die Hand nehmen, nehmen wir es auch deutlicher wahr – zwischen *Greifen* und *Begreifen* liegt oft kaum mehr als ein Atemholen.

*Meerbälle bestehen aus Gräsern, die im Flachwasserbereich vieler Meeresküsten wachsen. Die Brandung reißt immer wieder einzelne Pflanzen mit und rollt die einzelnen Grashalme nach und nach zu kleinen, festen Bällen, die dann im Spülsaum der Küste zu finden sind.*

## 1.1 Neugier, Wissen und Verständnis

Es genügt, einen kleinen Koffer, eine Schachtel oder eine Kiste mit interessanten und *merkwürdigen* Dingen zu füllen – und schon haben wir eine **"Schatzkiste"**. Dort sind die gesammelten Funde gut verwahrt und lassen sich immer wieder neu begutachten, interpretieren und ordnen. Der erste Zugang erfolgt über die sinnlichen Qualitäten eines Stoffes, über Form, Größe, Gewicht, Farbe, die übrigen näheren Bestimmungen wie Herkunft, Entstehungsgeschichte und Bedeutung erschließen sich vielleicht später.

Zwar erscheint es sinnvoll, gerade verschiedene Materialien aus den umgebenden Naturräumen und Aktionsräumen der Kinder in eine solche Sammlung aufzunehmen, aber auch Mitbringsel von einer Reise wie Meerbälle, Versteinerungen und Muschelschalen können so eine "Schatzkiste" bereichern.

Die Sammlung einer "Schatzkiste" ist Dokumentation und Spielmaterial in einem, und selbstverständlich lassen sich diese beiden Kategorien nicht voneinander trennen. Die Materialien sollten lediglich trocken und nicht allzu vergänglich sein, um zum Beispiel Schimmelbildung zu vermeiden.

### Selbst wach und neugierig bleiben

Wenn wir uns heute mit Bildungs- und Lernprozessen bei Kindern auseinandersetzen wollen, so tun wir gut daran, Lernen nicht mehr als schlichte Aufnahme und Verankerung bestimmter Informationen anzusehen, sondern als höchst individuellen Vorgang, dessen Qualität durch zahlreiche Einzelerlebnisse, Erinnerungen, Empfindungen, Kategorien und Regeln bestimmt wird. So lernen Kinder etwa die Charakteristika des Wassers nicht durch umfangreiche Erklärungen, sondern durch die eigene Betrachtung und Beobachtung unzähliger Situationen, in denen es um Wasser geht. Sie erfahren die Besonderheiten des Wassers durch eigenes Agieren und Ausprobieren mit diesem Stoff und nähern sich so dem Allgemeinen, Regelhaften. Je vielseitiger ihre Erfahrungen, desto qualitativ wertvoller die **Konstruktionsleistung** Lernen.

Die **pädagogische Begleitung** sieht sich damit aber auch ganz neuen Aufgabenstellungen gegenüber: So ist im Bereich der Natur- und Umweltpädagogik ein gewisses eigenes Hintergrundwissen zwar wichtig, aber es geht weit weniger um eine – ohnehin nicht leistbare – umfassende Wissensvermittlung als vielmehr darum, Kinder neugierig und erfinderisch zu machen bzw. zu lassen. Wichtiger als Antworten sind Anregungen, die zur eigenen Lösungssuche herausfordern und Mut und Lust auf Entdeckungen machen. Dazu gehört neben eigenem Interesse, Aufmerksamkeit und Beweglichkeit noch ein vierter Aspekt: **Kreativität** – in der pädagogischen Arbeit eine Kategorie von ganz besonderem Wert. Dort, wo Sie als pädagogische Fachkraft Lust auf ein Thema haben und der betreffenden Sache aufmerksam und interessiert gegenüber stehen, geben Sie den Kindern den denkbar stärksten Impuls, sich ebenfalls mit diesem Thema zu befassen. In der Folge stellt sich ein sich selbst verstärkender Prozess des Miteinanderlernens ein: Ihre eigene Neugier weckt Fragen der Kinder, die Sie wiederum zu weiterführenden Überlegungen und Vorschlägen inspirieren, was wiederum die Kinder zu eigenen Aktivitäten anregen kann.

## 1.2 Wertvorstellungen

Seit Langem befasst sich die Natur- und Umweltpädagogik mit der Frage, wie Menschen lernen können, möglichst naturverträglich und verantwortungsbewusst zu handeln. Die zahlreichen Erhebungen und Untersuchungen, die dazu durchgeführt wurden, zeigen trotz mancher Unterschiede im Detail eines sehr deutlich: **Umweltbewusstsein** ist stark abhängig von den persönlichen Wertmaßstäben und jenem Wert, den die Natur insgesamt für den betreffenden Menschen besitzt.

„Nur was ich schätze, bin ich bereit zu schützen. Dabei ist es natürlich keine Frage, dass zum Schätzen auch das Kennen gehört. Aber ebenso ist es keine Frage, dass man nur etwas schätzen kann, wozu man auch eine Beziehung hat."
(Gebhard, 2001, S. 74)

Dieser emotionale Aspekt, sich mit der Natur zu befassen, spielt insbesondere bei Kindern eine große Rolle. Der Schweizer Jean Piaget, der sich in besonderer Weise der Erforschung der kindlichen Entwicklung gewidmet hat, spricht im Zusammenhang mit der Wahrnehmung bei Kindern von **Animismus** und **Anthropomorphismus**. Diese beiden Begriffe helfen uns, das Denken und Verhalten von Kindern in vielen Situationen besser zu verstehen.

*Definition*
*Animismus = Vorstellung, dass unbelebte Gegenstände und Naturgewalten, Pflanzen und Tiere eine Seele (anima) und ein Bewusstsein besitzen. Nach Piaget ist dieses Denken für Kinder besonders charakteristisch, obwohl es auch noch im Erwachsenenalter zu finden ist: ein „böses" Gewitter, ein „widerspenstiger" Computer.*

*Anthropomorphismus = Vorstellung, dass die uns umgebenden Dinge und anderen Lebewesen etwas Menschliches an sich oder in sich tragen (Vermenschlichung): die „fleißige" Biene, die „weise" Eule, das „dumme" Schaf.*

*Sieht diese Wolke nicht aus wie ein großes, weißes Tier?*

## 1.2 Wertvorstellungen

Nach Piaget ist ein „animistisches Denken" typisch für Kinder im Alter zwischen zwei und sieben Jahren. In diesem sogenannten „präoperationalen Stadium" sieht sich das Kind im Mittelpunkt der Welt und beurteilt alles nach seinen eigenen Gefühlen, Wünschen und Überzeugungen. Der Animismus spielt dabei eine wichtige Rolle, weil die Vorstellung, dass alles auf der Welt lebendig ist und aufgrund bestimmter Absichten handelt, dem Kind hilft, Unerklärliches einzuordnen und sich danach zu orientieren. Dabei lassen sich vier **Entwicklungsschritte** unterscheiden:

- Jeder Gegenstand kann seinen eigenen Willen haben. Ein Ball kann sich plötzlich weigern, geradeaus zu fliegen.
- Nur Objekte, die sich bewegen, sind lebendig (z. B. Wolken).
- Nur Objekte, die sich spontan und aus eigener Kraft bewegen, sind lebendig.
- Nur Pflanzen und Tiere sind lebendig.

Animistisches Denken von Kindern heißt keineswegs, dass die betreffenden Kinder ihre Umwelt ausschließlich auf diese Weise wahrnehmen und beurteilen. Vielfach zeigt sich, dass Kinder selbst schon früh zwischen einer animistischen und einer eher naturwissenschaftlich objektivierenden Sichtweise zu unterscheiden lernen. So kann sich etwa ein drei- oder vierjähriges Kind einerseits über einen „gemeinen Stein" beklagen, an dem es sich gestoßen hat, und im nächsten Augenblick jemand davon erzählen, dass von diesem Stein flache Stückchen absplittern, wenn man ihn mit einem Werkzeug bearbeitet.

Für Gebhard (2001, 72 f.) ist es sehr fragwürdig, wenn Kindern frühzeitig beigebracht werden soll, ihre animistische Denkweise aufzugeben und Naturphänomene aller Art nur noch unter objektiven Gesichtspunkten wahrzunehmen und zu benennen. Für ihn bedeutet die stärker emotionale Bindung, die Kinder zu den Dingen und anderen Lebewesen herstellen können, auch eine wichtige Chance, Kindern Natur und Umwelt nahe zu bringen, obwohl dabei zur naturwissenschaftlichen Sicht der Dinge nicht selten Widersprüche auftauchen.

### Aufgabe 1.3
*Manche Verhaltensweisen von Kindern stehen in sehr deutlichem Kontrast zu unseren Vorstellungen von umweltschonendem Verhalten. Wie kann man damit umgehen? Notieren Sie Ihre Antworten in Stichworten und vergleichen Sie sie dann mit den Angaben in Kapitel 6.*
1. *Wie ist es zu bewerten, wenn Kinder Blumen pflücken oder Zweige von Sträuchern und Bäumen abreißen?*
2. *Wie sollte man reagieren, wenn man beobachtet, dass ein Kind absichtlich auf kleine Tiere tritt oder nach ihnen schlägt?*
3. *Was bedeutet der Begriff „**Katastrophenpädagogik**"?*

„Es kommt also vor jeder politischen oder erzieherischen Zielsetzung darauf an, zu erkunden und zu sehen, welche Beziehung Kinder überhaupt zu lebendigen Naturphänomenen haben. Kinder machen nämlich Erfahrungen mit der Natur unabhängig von pädagogischen Einflussnahmen. Sie spielen im Wald, klettern auf Bäume, bauen sich Buden, kümmern sich um ihre Katze oder gießen Blumen, haben aber auch Angst vor bellenden Hunden, vor Spinnen, ekeln sich vor Würmern, sind traurig angesichts des Todes eines Heimtieres."
*(Gebhard, 2001, S. 11)*

Natur- und Umweltpädagogik erfordert zunächst, Kindern möglichst viele und unterschiedliche Gelegenheiten für unmittelbare **Naturerfahrungen** zu geben. Aufbauend auf positiven und interessanten Erfahrungen mit Naturphänomenen, Pflanzen und Tieren, wächst die Neugier für weitere Erkundungen und das Interesse an Hintergründen und Erklärungen. Erst dann sollten diese auch gesucht und – nach Möglichkeit – gegeben werden.

### Einfühlungsvermögen und Mitgefühl

Die Vermittlung von Einfühlungsvermögen (Empathie) gegenüber anderen Lebewesen, von Pflanzen bis hin zu Tieren und anderen Menschen, stellt innerhalb der Natur- und Umweltpädagogik eine besonders wichtige Aufgabe dar. Sie lässt sich stets nur bis zu einem gewissen Grad erfüllen, aber hier zählt jeder einzelne Schritt, jede einzelne Bemühung.

Eine gute Möglichkeit, Kindern ein Gefühl sowohl für die Andersartigkeit als auch für den Wert anderer Organismen zu vermitteln, ist die Begegnung und Auseinandersetzung mit besonderen Bäumen. Das Erlebnis der Größenunterschiede ist dabei oft schon etwas Beeindruckendes: Ein (großer) Baum ist etwas Mächtiges, Ehrfurcht Gebietendes und manchmal beinahe Unheimliches. Vor allem alte, ausladend gewachsene Bäume vermitteln nicht nur Kindern auch etwas Schützendes, Beruhigendes, wie es in zahlreichen Märchen, Erzählungen, Gedichten oder Liedern immer wieder festgehalten wurde.

Von dieser inneren Beziehung zu Bäumen ausgehend zielt die Umweltpädagogik gerade bei Kindern auf die Vermittlung und Verstärkung eines Wertempfindens, wenn beispielsweise eine innere Parallele zwischen Baum und Mensch gesucht wird:

„Jedes Kind stellt sich vor, es wäre ein Baum. Mit leicht ausgestellten Beinen steht es fest auf dem Boden und fühlt, dass seine Wurzeln tief in der Erde stecken. Die Arme (nach oben gereckt) stellen die Äste dar."
(Reidelhuber, 2000, S. 100)

Ein solcher von Emotionen, Fantasie und Spiel geprägter Zugang zu Bäumen bleibt nicht nur im Vorschulbereich wichtig und sollte sich von den – zu Recht – geforderten kognitiven Inhalten nicht verdrängen lassen. Es wäre nicht nur unsinnig, sondern geradezu fatal, Umweltbildung auf Faktenwissen reduzieren zu wollen. Der rein kognitive Zugang zu Natur und Umwelt allein wäre ein viel zu schmaler Grat, um ein ausreichendes Maß an **Weltwissen** zu erwerben: „Wenig von dem Wenigen bleibt übrig." (Czisch, 2005, S. 151) Stattdessen braucht gerade die Umweltbildung emotional berührende Situationen, die ohne Zeit- und Leistungsdruck erlebt werden können, denn: „Sinnliche Wahrnehmung ist kein Luxus, unser Gehirn wartet auf Signale der Sinne ‚von draußen', Vorfreude und Spaß versetzen das komplexe System in höchste Bereitschaft." (Czisch, 2005, S. 154)

## 1.3 Individuelles Handeln

Die **Vorbildfunktion** des Erwachsenen nimmt in der Pädagogik allgemein und so auch in der Natur- und Umweltpädagogik eine zentrale Stellung ein. In Kindertageseinrichtungen kommt den pädagogischen Fachkräften, also Ihnen und Ihren Kolleginnen und Kollegen, diese Verantwortung zu. Das bedeutet neben der (indirekten) Vermittlung von Werthaltungen wie Achtung vor dem Leben und Aufgeschlossenheit für ökologische Fragestellungen auch ganz praktische Dinge: Was tun Sie, um möglichst wenig Abfall und Müll zu produzieren? Wie gehen Sie mit dem anfallenden Müll um? Woran können Kinder sehen, ob bzw. dass elektrische Energie gespart werden kann? Wird beim Einkauf von Spielmaterialien,

## 1.3 Individuelles Handeln

Werkzeugen und Hilfsmitteln auf Qualität, Lebensdauer und ggf. Reparaturfähigkeit der Dinge geachtet – und mit Kindern gelegentlich auch darüber gesprochen?

„Erzieherinnen, die sich für die Verwendung ökologisch einwandfreier Substanzen in der Tagesstätte einsetzen und Kinder kindgerecht daran teilhaben lassen, vermitteln ihnen das Bild von verantwortungsvollen, engagierten Erwachsenen. Es sind Erwachsene, die sich für ihr eigenes Arbeitsfeld und gleichzeitig für die Belange von Kindern einsetzen. Erwachsene, die mehr tun, als für einen reibungslosen Verlauf des Alltags zu sorgen. Erwachsene, die ihre Umwelt kritisch wahrnehmen. Erwachsene, die sich kundig machen und sich nicht scheuen, in zunächst unbekannte Gebiete vorzudringen. Erwachsene, die sich nicht rasch entmutigen lassen, sondern die versuchen, Widerstände zu überwinden. Kurz, Erwachsene, die mit ihrem Handeln und Vorleben bestimmter Fähigkeiten durchaus die Gegenwart der Kinder im Auge behalten, aber gleichzeitig deren Zukunft bedenken. Damit erstreckt sich die Fürsorge für ein gesundes Lebensumfeld hinaus auf zukunftsorientierte Fähigkeiten."
(Reidelhuber, 2000, S. 12)

Dieser Anspruch ist hoch, aber nicht unrealistisch. Niemand verhält sich immer und überall absolut umweltschonend. Wer diesem Thema insgesamt aufmerksam und aufgeschlossen gegenüber steht, kann Kindern bereits in vielen Fällen Vorbild sein und entsprechend umweltfreundliches Verhalten im Alltag vermitteln.

*Beispiel:*
*Zur Veranschaulichung, welche Müllarten und -mengen in einer Kindertagesstätte anfallen, dient beispielsweise ein kleines, sinnlich nachvollziehbares* **„Müllprojekt"**, *an dem alle – Erwachsene wie Kinder – teilnehmen. Dazu wird der gesamte Kunststoffmüll, der in einer Woche im Haus anfällt, gesammelt und für alle sichtbar zusammengestellt. Ein solches Projekt kann der Beginn einer spannenden und auch für die Eltern der Kinder interessanten Auseinandersetzung mit diesem Thema sein.*

*Aufgabe 1.4*
1. *Warum ist es wichtig, dass Kinder bereits frühzeitig mit Möglichkeiten des Energiesparens, der Mülltrennung oder der Nutzung umweltfreundlicher (öffentlicher) Verkehrsmittel vertraut gemacht werden?*
2. *Wie sollte man damit umgehen, wenn man erfährt, dass bestimmte umweltpädagogische Bemühungen von den Eltern mancher Kinder abgelehnt oder schlicht ignoriert werden?*
3. *Warum ist Natur- und Umweltpädagogik in besonderer Weise von der Zusammenarbeit innerhalb des pädagogischen Teams einer Kindertagesstätte abhängig?*

Je nach Alter der betreuten Kinder hat Umweltpädagogik ihre eigenen Zielsetzungen, Arbeitsweisen und Möglichkeiten. Vieles davon wird in den kommenden Kapiteln genauer beschrieben. Hier soll aber noch einmal die Bedeutung der Eigenaktivität eines Kindes zur Sprache kommen.

# 1 Naturerfahrungen von Kindern

*Die Folgen der Schwerkraft*

*Beispiel:*
*Wie die drei, unmittelbar hintereinander aufgenommenen Bilder zeigen, will ein Kleinkind etwas Körniges (es handelt sich um Streusplitt) aus einem Eimer in einen anderen geben. Nachdem das mit der bloßen Hand offenbar zu langsam geht, entschließt sich das Kind, den ganzen Eimer umzuleeren. Das kann nicht gelingen, der Eimer ist bei weitem zu schwer für das Kind und kippt seitlich um. Was hat das mit Umweltpädagogik zu tun?*

Wenn wir davon ausgehen, dass Umwelthandeln nicht nur konkretes Handlungswissen erfordert, sondern auch Lernbereitschaft, Engagement und Reflexionsvermögen bezüglich des eigenen Tuns und seiner Auswirkungen, so wird sehr deutlich, dass die Grundlagen für all das bereits in der frühen Kindheit liegen. In dieser Entwicklungsphase lernen Kinder ungeheuer rasch und effizient. Auch wenn vieles von dem, was wir da beobachten können, etwas rätselhaft und vielleicht sogar irreführend erscheint, so sind es oft gerade die anscheinend unbedeutenden Ereignisse, in denen Kinder etwas Wichtiges über ihre Umwelt erfahren.
Hier ist es die Wirkung der Schwerkraft und des Gewichts, das dieser Eimer mit Kies hat. Und täuschen wir uns nicht: Auch wenn der Eimer entgegen den Absichten des Kindes umgekippt ist, so hat das Kind dennoch Erfolg gehabt, denn es hat den schweren Eimer bewegen können. Das Kind hat aus eigener Kraft und Ausdauer etwas bewirkt.

*Definition*
*Selbstwirksamkeit (in der Psychologie) = erfolgreiche Erfahrung der eigenen Körperkraft bzw. des eigenen Denkens. Die bewusste Erfahrung solcher Erfolge wirkt emotional stabilisierend und fördert das Selbstbewusstsein ebenso wie die soziale Kompetenz.*

Ein gesundes **Selbstvertrauen** ist die Basis vieler Fähigkeiten und Erfolge, und dazu gehört auch die Kompetenz, mit unserer Umwelt respektvoll und schonend umzugehen.
Das heißt natürlich nicht, dass solche frühkindlichen „Abenteuer" – die manche Erwachsene zudem noch ärgerlich finden – gewissermaßen automatisch zu umweltfreundlichem Alltagsverhalten führen. Abgesehen davon, dass das Umkippen von Kieseimern natürlich keine umweltschützende Handlung darstellt, geht es hier um den *Umweg*, den **Lernen** oft und immer wieder bedeutet: Wir lernen am meisten und besten dann, wenn wir etwas selbst in die Hand nehmen dürfen und dabei unsere Neugier befriedigen können – auch wenn etwas schief geht (und auch schief gehen darf). Das Misslingen hat dann die Funktion des Anreizes, es nochmals zu versuchen und es beim nächsten Mal ganz richtig zu machen.

## 1.3 Individuelles Handeln

### Sich auf den Weg machen

**Individuelles Handeln** hat stets auch mit Bewegung und Veränderung zu tun. Und so, wie sich in der Natur Dinge und Umstände verändern, ändern sich auch Menschen und ihre Lebensumstände, Meinungen und Urteile.

Veränderungs- und Umwandlungsprozesse sind eng verknüpft mit dem Aspekt des Verstreichens von Zeit. Die Zeit „verstreicht", lässt sich nicht „zurückdrehen" und nichts wiederholt sich je in exakt der gleichen Weise.

Ein weiterer Aspekt verweist auf vielfältige Erlebnisformen im Zusammenhang mit der Geschwindigkeit der Zeit. Besonders deutlich wird das dort, wo wir natürliche Prozesse mit jenen vergleichen, die von Menschen geplant werden: Kennzeichnend für natürliche Prozesse ist meist, dass es sich um Wachstums- oder Umwandlungsprozesse mit einer charakteristischen Geschwindigkeit handelt, z. B. Pflanzenwuchs und Umwandlung organischer Substanz in Humus, aber auch menschliche Wachstums-, Entwicklungs- und Lernprozesse. Andere, menschliche Aktivitäten hingegen zeichnen sich oft durch starke Schwankungen im zeitlichen Gefüge aus: Bauvorhaben oder andere Pläne, unter großem (wirtschaftlichem) Druck, Termine, Fristen, aber auch das „Einfrieren" bestimmter Dinge, indem sie konserviert werden.

Die Wissenschaft, die sich ganz besonders mit den Veränderungen und Umwandlungen in unserer Welt befasst, ist die Ökologie (vgl. S. 61 f.). Man könnte sie daher auch gut als „Wissenschaft von den Veränderungen" bezeichnen.

Ein dritter Aspekt, wie wir Zeit, Bewegung und Veränderung wahrnehmen, hat mit unseren Erwartungen und Befürchtungen, Anstrengungen und Hoffnungen zu tun – kurz: mit unseren Empfindungen gegenüber dem Kommenden. Im Zusammenhang von Natur- und Umweltschutz erreichen uns vor allem Schlagzeilen, die mutlos oder sogar Angst machen können. Kinder erleben diese Gefühle nicht selten intensiver als Erwachsene, gerade dann, wenn sie zu wenig Möglichkeit haben, über ihre Erlebnisse und Empfindungen zu sprechen.

Umweltpädagogik soll und kann hier Mut machen und eine grundsätzlich positive, weltoffene Haltung vermitteln. Das Thema „Umwelt" sollte daher im Vorschulalter weniger auf Risiken und Bedrohungen Bezug nehmen, als vielmehr den Blick für die vielfältigen Details der Natur zu schärfen. Die Tatsache, dass Kinder ihrer Umgebung von sich aus mit Neugier begegnen, erleichtert diese Aufgabe, auch wenn es uns Erwachsenen angesichts mancher Zukunftsrisiken gelegentlich schwer fallen mag, optimistisch zu bleiben.

### Stoffwechsel oder warum nichts völlig verschwinden kann

Bevor wir uns mit konkreten umweltpädagogischen Ansätzen befassen wollen, sei hier noch ein allgemeiner und besonders zentraler Aspekt der Ökologie angesprochen. Es geht um Stoffwechsel, d. h. Stoffkreisläufe und Umwandlungen von Stoffen.

Der Begriff des Stoffwechsels steht zwar ursprünglich für Lebensvorgänge eines Organismus', im übertragenen Sinn können wir ihn aber auch für globale Ströme verwenden, wo Stoffe auf ihrem Weg über verschiedene Stationen verfolgt werden.

Das Modell eines Kohlenstoffkreislaufs zeigt etwa, dass Pflanzen Kohlendioxid ($CO_2$) aufnehmen und es dann über die Fotosynthese in Kohlenwasserstoffe umwandeln. Über die Nahrungsaufnahme durch atmende Lebewesen und Ausscheidung von Stoffwechselprodukten gelangt der Kohlenstoff wieder in die Atmosphäre, über Verrottungsprozesse oder Ablagerungen in Gewässer und Böden, wo er unter Umständen in Erdöl- oder Kohle auch für längere Zeiträume gebunden bleibt.

Solche Prozesse mögen zwar im Einzelnen schwer zu fassen sein, stellen aber eine enorm wichtige naturwissenschaftliche Erkenntnis dar, die zwei sich ergänzende Aspekte besitzt: Nichts kann jemals ganz verschwinden und jeder Stoff befindet sich in einer unaufhörlichen Bewegung. Anhand einfacher Beispiele verstehen auch Kinder gut, was das bedeutet: Ein Zucker- oder Salzkristall, der in einer Wasserpfütze landet, wird da nicht lange bleiben, sondern vielleicht von Kleinlebewesen als Nahrung aufgenommen und auf diese Weise weggebracht. Ein Wassermolekül, das durch Verdunstung in die Luft gelangt, wird vom Wind weggetragen. Ein staubkorngroßer Partikel kann sich zwar irgendwo anlagern, aber er kann auch weiter zerfallen und wird auch eine Reise durch unsere Umwelt machen.

Neben dem praktischen Umweltschutz besitzt die Auseinandersetzung mit Stoffkreisläufen aber auch eine grundsätzlichere Bedeutung: Hier öffnet sich gerade Kindern eine Welt von fantastisch klingenden Möglichkeiten, die eng mit naturwissenschaftlichen Konzepten verbunden bleiben. Insbesondere bezogen auf die Umweltbildung im Vorschulbereich wäre es dabei schade, diese Thematik lediglich auf Fragen von Schadstofftransport und der Rückstände von Umweltgiften zu reduzieren: Es gehört untrennbar zu jedem ökologischen Verständnis, dass bereits auf der Ebene der kleinsten Teilchen ständig Austausch und Wanderung stattfinden und damit Veränderungen in allen Bereichen.

# 2 Pädagogische Alltagssituationen als Anknüpfungspunkte

## 2.1 Im Garten der Kindertageseinrichtung

### 2.1.1 Elemente einer kindgerechten Gartengestaltung

Das Außengelände einer Kindertageseinrichtung ist vielleicht der wichtigste, mit Sicherheit aber der nächstliegende Raum, in dem Kinder vielfältige Natur- und Umwelterfahrungen machen können. Das trifft sogar auf eher kleine und wenig abwechslungsreich gestaltete Gärten zu. Denn allein die Tatsache, dass Kinder sich hier im Freien aufhalten und bewegen können, sollte nicht unterschätzt werden. Umweltpädagogik hat eben viel mit dem Aufenthalt im Freien zu tun, ganz besonders auch mit **Bewegungsförderung** und der Ausweitung von **Handlungsspielräumen**.

> *Aufgabe 2.1*
> *Versuchen Sie, folgende Fragen zunächst wieder für sich selbst zu beantworten – am besten in Stichworten oder kurzen Sätzen – bevor Sie Ihre Überlegungen mit den Angaben in Kapitel 6 vergleichen.*
> 1. *Was macht einen Garten für Kinder besonders interessant?*
> 2. *Welche Aspekte der Gartengestaltung sind für den Träger einer Einrichtung (Gemeinde, Pfarrei, Verein usw.) von Bedeutung?*
> 3. *Nennen Sie einen Punkt, der Ihrer Meinung oder Erfahrung nach besonders leicht zu Konflikten zwischen den Bedürfnissen von Kindern und der Sichtweise von Erwachsenen hinsichtlich der Gartennutzung führt.*

*Diese „Arena" ist ein Platz, der sehr unterschiedlich genutzt wird: für gemeinsame Besprechungen, zum Klettern, besonders aber als oft sonnenwarme, angenehme Mulde für Spiele aller Art.*

*Aus (möglichst frisch geschnittenen) Weidenruten lassen sich relativ leicht verschiedene **„Pflanzenhäuser"**, Kriechtunnel und Flechtzäune errichten. Diese Arbeit kann bei entsprechender Anleitung auch sehr gut gemeinsam mit Eltern und anderen Helfern durchgeführt werden. Und weil eine solche Gemeinschaftsarbeit auch die persönliche Verbindung zwischen den Beteiligten stärkt, geht es hier letztlich um viel mehr als „nur" ein Gartengestaltungsprojekt.*

Die Entscheidungen über die Gestaltung des Außengeländes liegen zwar in erster Linie beim Träger der Kindertageseinrichtung, aber Sie und Ihre Kolleg/innen können sehr viel dazu beitragen, diesen Bereich so zu gestalten oder umzugestalten, dass er für Kinder interessant und wertvoll wird. Für ein entsprechendes Engagement lassen sich vor allem zwei Gründe nennen:

1. Als pädagogische Fachkraft haben Sie – auch wenn Ihre Ausbildung noch nicht abgeschlossen ist und Sie derzeit noch als Praktikantin in einer Kinderkrippe oder in einem Kindergarten arbeiten – sehr viel Gelegenheit, das Verhalten der Kinder zu beobachten und genauer kennenzulernen. Wenn Sie beispielsweise darauf achten, welche Teile des Gartens von Kindern besonders intensiv genutzt werden und welche Aktivitäten dort stattfinden, können Sie „Spuren lesen" – Spuren, die Ihnen verraten, wo es möglicherweise besonders sinnvoll sein könnte, Sträucher zu pflanzen oder zu entfernen, ein Spielhaus aufzustellen oder ein „Materiallager" anzulegen.

2. Der Garten dient als zentraler Ort für viele umweltpädagogische Vorhaben, von der Auseinandersetzung mit Pflanzen und Tieren bis hin zu Projekten mit Wasser, Steinen und zu anderen Themen. Aus diesem Grund ist es wichtig, den Garten so einzurichten und zu entwickeln, dass diese Arbeit ermöglicht bzw. erleichtert wird. Auch zur Beurteilung solcher Fragen können gerade diejenigen Wesentliches beitragen, die tagtäglich mit Kindern arbeiten – und sich für Natur- und Umweltpädagogik interessieren.

Für eine (ergänzende) Gartengestaltung können sehr unterschiedliche Materialien verwendet werden, die teilweise auch als **Recyclingmaterialien** kostengünstig beschafft werden können. Manchmal geht es sogar lediglich um die Frage, wie der Transport finanziert werden kann.
Je bunter die Mischung, desto wertvoller ist dieses Material auch für das freie Spielen und Experimentieren der Kinder – auch das ein wichtiges Argument für eine natur- und umweltpädagogische Arbeitsweise: Unterschiedliche Größen, Formen, Farben, Oberflächen der Gegenstände bringen auch unterschiedliche Eigenschaften mit sich und regen zu immer neuen Einsatzmöglichkeiten an.

## 2.1 Im Garten der Kindertageseinrichtung

Auf diese Weise können u. a. folgende Materialien Verwendung finden:
- Baumstämme, mit oder ohne Rinde, in unterschiedlicher Stärke und Länge (vielseitige Verwendung in waagrechter, schiefer oder senkrechter Verbauung; zum Sitzen, Balancieren oder zur Begrenzung, als Totempfähle oder Abstützung eines hängigen Geländes)
- Baumstümpfe (Wurzelstöcke gerodeter Bäume)
- Beton-Bruchstücke, zerkleinert (z. B. für wasserdurchlässige Unterbauten, Kern eines Spielhügels)
- Beton-Formsteine (in zahlreichen Formen, Größen und Farben)
- Betonplatten (z. B. als Trittplatten oder in Bruchstücken für Trockenmauern)
- Bretter (Material für Holzskulpturen, Hütten, Fantasiekonstruktionen)
- Dachbalken und Kantholzstücke (z. B. für Stufen und Schwellen, Bodenbeläge, in kürzere Stücke gesägt als unterschiedlich große Bauklötze)
- Dachziegel (z. B. als Abdeckung von Spielhäusern, zur Gestaltung von Skulpturen, zerkleinert für wasserdurchlässige Unterbauten und Zuschlagstoff für Fundamente)
- Kalkmörtel, alte Bruchstücke und Reste aus Bauschutt (z. B. zur Verfüllung von Hohlräumen beim Bau von Trockenmauern)
- Kalksandsteine und ähnliche Natursteine (Trockenmauern, Treppen, Terrassierungen)
- Klinker- und Vormauerziegel (witterungsbeständige Ziegel zum Bau unverputzt bleibender Mauerwerke, Bodenbeläge für Sitzplätze und Wege, Spielsteine)
- Rindenmulch (Bodenbelag, Füllmaterial)
- Ytongsteine (z. B. zur Bearbeitung mit Säge, Hammer und Meißel, zum Bau von „Denkmälern")

Unter Umständen müssen allerdings bestimmte Materialien als ungeeignet aussortiert oder zurück gewiesen werden: Aluminium- und andere Metallreste, Glas und Glasbruch, Asphalt, imprägnierte Hölzer oder Kunststoffreste. In jedem Fall sollte vor der Verwendung genau geprüft werden, ob etwas gegen ein bestimmtes Material spricht.

Nicht nur aus ökologischer Sicht ist die Wiederverwertung von (unbedenklichen) Baumaterialien empfehlenswert. Vielfach besitzen diese Materialien auch einen ganz eigenen Reiz. Alters- und Gebrauchsspuren verweisen darauf, dass diese Stoffe „eine Geschichte" haben, was gerade Kinder oft sehr spannend finden. Die Unregelmäßigkeit, die beispielsweise häufig mit älteren Betonsteinen verbunden ist, wirkt zudem lebendiger als eine rundum neue und Norm-Pflasteranlage.

Auch wenn die Ausführung einer **Gartengestaltung** oder Gartenumgestaltung ganz oder teilweise von Fachfirmen im Auftrag des Trägers der Einrichtung durchgeführt werden sollte, kommen oft die besten Vorschläge und Ideen unmittelbar aus der pädagogischen Praxis. In einem pädagogischen Team lassen sich interessante Ideen nicht nur sammeln, sondern hier gibt es auch die Möglichkeit, die Vorschläge zu diskutieren und auf ihren möglichen Wert und die Realisierbarkeit hin zu überprüfen.

Dort, wo eine **Gartengestaltung** zudem zumindest teilweise gemeinsam mit Kolleg/-innen, Eltern und Kindern durchgeführt wird, gewinnen auch die Kinder einen anderen Blick auf ihren Garten. Das fördert nicht bloß ihr Interesse für den Garten und seine Elemente, sondern führt bei ihnen ebenso wie bei den Erwachsenen auch zu einer starken Identifizierung mit diesem Außengelände und den dort entstandenen Strukturen.

Wahrnehmungsförderung (Erkennen, Begreifen, Verstehen) und die Möglichkeit zur Mitgestaltung können damit als zwei entscheidende Faktoren jeder kindgemäßen Gartengestaltung angesehen werden.

Eine Kletteranlage aus Stammhölzern, die ein Holzbauer gemeinsam mit Eltern gebaut hat. Die fest verankerten Stämme bilden Rampen und Brücken, Balancierstege und Säulen – für Kinder eine äußerst anregende Kletterlandschaft.

### Wie gut kennen Sie Ihren Garten?

Unabhängig von der Größe, die das Außengelände einer Kindertageseinrichtung hat, und auch weitgehend unabhängig von seiner Gestaltung, zeigt sich immer wieder, dass die dort arbeitenden pädagogischen Fachkräfte über dieses Gartengelände relativ wenig Bescheid wissen. Die Gründe dafür sind vielfältig. Manchmal lässt ein absehbarer Wechsel der Arbeitsstelle die eingehende Beschäftigung mit dem Außengelände als unnötig erscheinen, manchmal wird diese durch Arbeitszeitregelungen und Aspekte der Aufgabenverteilung innerhalb des Teams erschwert, nicht selten steht aber auch ein eher geringes eigenes Interesse an Natur und Umwelt dahinter.

Das ist nicht nur äußerst schade, sondern es wird in solchen Fällen auch übersehen, dass eine sinnvolle Nutzung und (Weiter-)Entwicklung eines Gartens ohne entsprechende Kenntnisse der Mitglieder des pädagogischen Teams gar nicht möglich ist. Es ist viel zu wenig und gleichzeitig kaum fruchtbar, die Nutzung des Außengeländes lediglich im pädagogischen Konzept der Einrichtung aufzuführen. Übersehen wird dabei vor allem, dass erst über ein entsprechendes eigenes Hintergrundwissen die vielfältigen positiven Aspekte einer praxisorientierten Umweltpädagogik zum Tragen kommen können.

Wenn Sie sich mit dem Außengelände Ihrer Einrichtung näher befassen wollen, ist es sinnvoll, zwischen verschiedenen Betrachtungsebenen zu unterscheiden:

- Größe und Geländeform sowie Zäune und andere Begrenzungen bilden gewissermaßen den äußeren Rahmen. In Verbindung mit Besonnung bzw. Beschattung, Bodenfeuchte (Gibt es besonders trockene oder besonders feuchte Bereiche?) und Windausgesetztheit ergeben sich bereits die wichtigsten Informationen über Pflanzenwachstum vom Rasen bis hin zum Baumbestand.

- Das Alter eines Gartens lässt sich häufig am Alter des Baumbestandes ablesen und gibt wertvolle Aufschlüsse, welche anderen Pflanzen gedeihen können bzw. weshalb bestimmte Pflanzen nur mangelhaft wachsen. Während Sie einen „jungen" Garten meist

## 2.1 Im Garten der Kindertageseinrichtung

hervorragend für die Kultur sonnenhungriger Nutz- und Zierpflanzen nutzen können, sollten Sie einen „alten" und damit oft schattigeren, von Baumwurzeln durchzogenen Garten besser als „Wildnis" nutzen.

– Vielfach prägen fest verankerte Spielgeräte einschließlich der jeweiligen Sicherheitsabstände den Gartenraum einer Kindertagesstätte. Nicht immer sind aber alle Spielgeräte gleichermaßen sinnvoll oder erforderlich. Lassen sich hier durch eine Neuorganisation und ggf. Versetzen einzelner Spielgeräte Verbesserungen erzielen?

– Entscheidend für die Entwicklungsmöglichkeiten eines Gartens von Kindertageseinrichtungen ist auch die Anzahl der Kinder, die dieses Gelände nutzen. Dabei ist von Interesse, welche Areale von den Kindern eher bevorzugt und welche eher vernachlässigt werden. Lassen sich dafür Gründe finden? Kann oder sollte man daran etwas ändern?

– Was lässt sich über den Pflegebedarf des Geländes sagen? Wer führt überhaupt die Pflege durch? Entsprechen die jeweiligen Pflegemaßnahmen dem pädagogischen Konzept des Hauses? Welche Pflegearbeiten könnten vielleicht besser gemeinsam mit Kindern und eventuell interessierten Eltern durchgeführt werden?

Die Antworten auf solche und ähnliche Fragen vermitteln Ihnen rasch ein recht gutes Gefühl für die Möglichkeiten, die ein Außengelände im pädagogischen Alltag bieten kann. In Gesprächen und Diskussionen mit Ihren Kolleg/innen lassen sich einzelne Punkte präzisieren und Sie können gemeinsam besser entscheiden, welche Aspekte der Gartennutzung und -entwicklung interessant und möglicherweise sogar vordringlich sind. Aus diesem Grund erscheint es auch wichtig, vor der Klärung diverser Einzelfragen der Gartengestaltung und einem „Gärtnern mit Kindern" einen eigenen, ganz persönlichen Zugang zum jeweiligen Außengelände zu finden.

*Diese Ansammlung von Hölzern aller Art in einem Winkel des Gartens verrät viel über die Bedürfnisse und Aktivitäten der Kinder – und über das pädagogische Konzept des Hauses.*

## 2.1.2 Grundregeln einer Gartengestaltung für Kinder

Eine kindgemäße und gleichzeitig naturnahe Gartengestaltung erfordert immer die Berücksichtigung der konkreten Situation, wobei die Lage, Größe und Struktur des Geländes (z. B. Hanglage, Baumbestand, Beschattung) immer wieder ganz unterschiedliche Lösungen und Herangehensweisen erfordert. Dennoch kann man einige Prinzipien formulieren, die im Sinn einer Checkliste bei der Planung einer Gartengestaltung sehr helfen können.

1. Das Gelände weist eine abwechslungsreiche Modellierung auf: ebene Flächen, Hügel, Wälle, Böschungen, Gräben und Mulden.
2. Eine facettenreiche Strukturierung schafft eine Vielzahl kleinerer Räume und Grenzflächen: Überschneidungen, Durch- und Übergänge.
3. Das Angebot an unterschiedlichen (Natur-) Materialien ist groß und vielfältig. Groben und ungeformten Materialien mit vielseitigen Verwendungsmöglichkeiten wird der Vorzug gegeben.
4. Jahreszeitliche und alterungsbedingte Veränderungen werden sichtbar und bleiben nachvollziehbar: Pflanzen verändern sich im Jahresverlauf, Dinge dürfen mit uns alt werden.
5. Ungeordnetes und nicht-festgelegte Bereiche spielen eine zentrale Rolle: Betonung des Werkstatt-Charakters.
6. Die Ausrichtung der Gartengestaltung und -pflege nach ökologischen Gesichtspunkten ist selbstverständlich, aber zweitrangig: Pädagogische Überlegungen haben Vorrang.
7. Fragen von Gesundheitsrisiken und Unfallgefahren werden nach Maßgabe gesetzlicher Sicherheitsnormen im Einzelfall sorgfältig abgewogen: Risiken sollen nicht generell ausgeschaltet, sondern für die Kinder kalkulierbar werden.

> **A** *Aufgabe 2.2*
> *Suchen Sie jeweils drei bis fünf Beispiele für die genannten Gestaltungsprinzipien und notieren Sie diese. Ihre Antworten sollten so konkret wie möglich sein und sich nicht nur auf ein Stichwort beschränken, sondern jeweils eine kurze Beschreibung Ihrer Vorstellung beinhalten.*
> *Einige solcher Beispiele und Erläuterungen dazu finden Sie in Kapitel 6.*

## 2.1.3 Gärtnern mit Kindern

Kinder mit bestimmten gärtnerischen Tätigkeiten bekannt zu machen, gilt bereits seit vielen Jahrzehnten als besonders wichtig und sinnvoll – nicht erst, seit wir von Umweltpädagogik sprechen. Das hat gute Gründe und nach wie vor können wir dieses Thema als zentralen Bestandteil jeder Umweltbildung für Kinder ansehen.

Je nach organisatorischen und räumlichen Möglichkeiten, Alter der Kinder und eigenem Interesse lassen sich mit Kindern viele verschiedene Pflanzen kultivieren. Die eigene Lust am Experiment und an Entdeckungen führt gerade in diesem Bereich schnell zu einer großen Vielfalt an Ideen und thematischen Einzelzielen. Überblicksartig zusammengefasst lassen sich vor allem folgende Stichworte angeben:

## 2.1 Im Garten der Kindertageseinrichtung

- Kennenlernen wichtiger Kulturpflanzen
- Unterscheidung zwischen Wildpflanzen und Kulturpflanzen (vgl. Kap. 3.2.4)
- Verschiedene Techniken der Pflanzenvermehrung selbst ausprobieren können
- Kulturversuche mit unterschiedlichen Erden und Substraten, und
- Erfahrungen sammeln mit den Einflüssen von Feuchtigkeit, Sonneneinstrahlung, Wärme auf das Wachstum von Pflanzen
- Was hat es mit „Schädlingen" und Pflanzenkrankheiten auf sich?
- Pflanzenarrangements in verschiedenen Töpfen, Gefäßen und Schalen herstellen (Welche Pflanzen passen zueinander – und „vertragen sich" auch)

Die Aufzählung ließe sich noch fortsetzen und verfeinern, aber Sie sehen bereits, dass es sich um ein sehr großes Themenfeld handelt, das im Rahmen der pädagogischen Arbeit in einer Kindertageseinrichtung höchstens ansatzweise umgesetzt werden kann.

Eine solche Einschränkung macht aber nichts, denn es ist besser, nur einzelne Aspekte herauszugreifen, die sich je nach eigenem Interesse und den gegebenen Rahmenbedingungen auch gut realisieren lassen. Zahlreiche, im Detail beschriebene Vorschläge finden Sie auch in dem Buch „Expedition Leben" (Österreicher, 2009).

*Die Pflanzung eines Liebstocks („Maggikraut") kann für Kinder recht anstrengend sein, denn diese Pflanze hat meist einen größeren Wurzelstock und benötigt daher ein entsprechend großes Pflanzloch. Aber dafür ist diese Würzpflanze auch sehr robust und lässt sich jahrelang zum Würzen verschiedener Speisen nutzen.*

### Aufgabe 2.3

Pflanzen unterscheiden sich teilweise sehr deutlich in ihren Ansprüchen. Wenn Sie beim Gärtnern ein wenig Erfolg haben möchten (und wer wollte das nicht...), sollten Sie darauf achten, die ausgewählten Pflanzen mindestens in den wichtigsten Punkten richtig zu behandeln.

Hier können Sie nun testen, wie gut Sie sich schon in die Ansprüche von Pflanzen hineinversetzen können: Versuchen Sie, für die in der folgenden Tabelle aufgeführten Arten einige der wichtigsten **Wachstumsfaktoren** anzugeben und vergleichen Sie anschließend Ihre Tipps mit der Auflösung in Kapitel 6.

Die richtigen, hier etwas pauschal gegebenen Antworten für die einzelnen Einflussfaktoren liegen innerhalb folgender Bereiche:

*Temperaturansprüche: mindestens ca. 18 °C (1), mind. ca. 12 °C (2), auch unter 12 °C (3)*
*Ansprüche an Helligkeit: sehr sonnig bzw. hell (1), etwas Schatten vertragend (2), gut bis sehr gut schattenverträglich (3)*
*Ansprüche an Erdfeuchtigkeit: eher trocken (1), mäßig feucht (2), hoher Wasserbedarf (3)*
*Ansprüche an die Nährstoffversorgung (Düngung): gering (1), mittel (2), hoch (3)*

| Pflanze | Temperatur | Helligkeit | Feuchtigkeit | Nährstoffbedarf |
|---|---|---|---|---|
| Thymian | | | | |
| Wurmfarn | | | | |
| Echte Kamille | | | | |
| Tomate | | | | |
| Schnittlauch | | | | |
| Brunnenkresse | | | | |
| Erbse | | | | |
| Schafgarbe | | | | |
| Brennnessel | | | | |

Pflanzen, deren Samen sehr groß sind, sind für erste **Aussaatversuche** besonders gut geeignet. Hier ist es ein Avocado-Kern, der einzeln in einen Blumentopf gesetzt wird. Stehen mehrere verschiedene Sämereien und Töpfe zur Verfügung, haben die Kinder eine gewisse Auswahl und warten dann neugierig, was in den anderen Töpfen zu keimen und wachsen beginnt.

„Topfmännchen", die von den Kindern mit verschiedenen Wiesenblumen und Gräsern bepflanzt wurden und schließlich ihren Platz im Garten in einem Kräuterbeet gefunden haben.

Ganz neue und individuell gestaltete Pflanzmöglichkeiten ergeben sich, wenn zwei Töpfe miteinander verklebt und bemalt werden, bevor der obere der beiden bepflanzt wird. Solche „Topfmännchen" können sehr unterschiedlich aussehen, je nachdem, welche Töpfe (oder Schalen) zur Verfügung stehen und wie die Topfkombinationen bemalt werden.
Für Kinder bedeutet diese Vorgehensweise jedenfalls eine sehr intensive Beschäftigung mit *ihren* Töpfen, *ihren* Farben und dann natürlich auch *ihren* Pflanzen.

*Beispiel:*
*Interessante Ergebnisse versprechen auch Aussaatschalen mit verschiedenen Sämereien wie z. B. Kresse, Senf, Erbse, Bockshornklee, Sonnenblume und Weizen. Wenn ausschließlich solche „Keimkost"-Pflanzen verwendet werden, können die Keimlinge wenige Wochen nach der Aussaat abgeschnitten und gegessen werden – klein gehackt im Salat oder als würzige Butterbrot-Auflage.*

Werden verschiedene Sämereien in eine größere Schale gesät, wächst in wenigen Tagen bis etwa zwei Wochen ein richtiger „Mini-Urwald" heran, dessen Ertrag für einige Butterbrote ausreicht.

In Kapitel 2.4.3 kommen wir unter dem Aspekt der Ernährung nochmals auf die Kultur verschiedener Nutzpflanzen zurück, wobei es dann vor allem darum gehen wird, welche Gemüsearten für Kinder besonders interessant sind.

## 2.2 Ausflüge in die Umgebung

Neben einer möglichst umfangreichen Nutzung des Außengeländes können Ausflüge aller Art eine wichtige Ergänzung der umweltpädagogischen Arbeit bilden. Für solche Unternehmungen sprechen gleich mehrere Gründe, wobei je nach Ausflugsziel durchaus verschiedene Schwerpunkte gegeben sind. Zu erwarten sind jedenfalls in den meisten Fällen Effekte wie:

- Kennenlernen neuer und anderer Gebiete im Wohnumfeld der Kinder (Orientierung im freien Gelände, aber auch in Siedlungsgebieten und auf Straßen und Plätzen)
- Neugier und Interesse für neue Dinge und Perspektiven, dabei ...
- geschärfte Aufmerksamkeit und Wachsamkeit gegenüber unerwarteten Situationen
- Entdecken anderer Pflanzen und Tiere als die, die im eigenen Garten zu finden sind

- Wachsendes Verständnis für ökologische Zusammenhänge (unterschiedliche Lebensräume besitzen unterschiedliche Wachstums- und Lebensbedingungen für Pflanzen und Tiere, sind aber besonders auch durch bestimmte Wechselwirkungen mit den angrenzenden Gebieten geprägt)
- Veränderung bzw. Nutzung der Landschaft durch den Menschen

### 2.2.1 Der Aktionsraum

Anfang der 1990er Jahre wurde mit der Studie „Aktionsräume von Kindern in der Stadt" (Blinkert, 2005, S. 10) eine Untersuchung über das Verhalten von Kindern in der Stadt und in städtischen Siedlungsgebieten durchgeführt, die zu interessanten Ergebnissen kam. Diese Ergebnisse sind gerade auch für die Natur- und Umweltpädagogik bis heute von Bedeutung, denn der damals geprägte Begriff „**Aktionsraum**" wurde zum Schlüsselbegriff, wenn es darum geht, das Angebot und die Qualität von Spiel- und Erlebnisräumen von Kindern zu untersuchen und zu beschreiben.

*Selten steht Kindern heute innerhalb von Siedlungsgebieten eine solche „Stadtwildnis" als Aktionsraum zur Verfügung. Diese Brachfläche wurde aber sogar eigens angelegt – als Raum, wo sich heimische Blütenpflanzen (Wildblumen) und entsprechende Insekten ansiedeln können sowie als Spielgelände für die Kinder der Nachbarschaft.*

**Definition**
*Aktionsraum (für Kinder)* = Bezeichnung eines für Kinder zugänglichen, räumlich abgrenzbaren und gefahrlosen Areals, in dem altersgemäße Bewegungs-, Handlungs- und Gestaltungsmöglichkeiten sowie Chancen auf Kontakte mit Spielkameraden bestehen (vgl. Blinkert, 2005, S. 10).

*Aufgabe 2.4*
*Die Autoren der genannten Studie nennen vier gesellschaftliche Entwicklungen bzw. Veränderungen, die das Leben der Kinder heute wesentlich bestimmen.*
*Worin könnten Ihrer Meinung nach diese Entwicklungen bestehen?*
*Die Definition der Autoren der Studie finden Sie in Kapitel 6.*

Gute **Aktionsräume** sind etwa verwilderte Grünflächen, alte und öffentlich zugängliche Lagerplätze, wenig oder nicht gepflegte Waldstücke – mit einem Wort: **Brachland**. Vorausgesetzt, dass sich das Gelände gefahrlos nutzen lässt – wovon man sich im Vorfeld unbedingt überzeugen sollte – können Kinder in solchen Arealen unglaublich viel entdecken. Sie lernen dabei vor allem auch, sich selbst Ziele zu setzen, ihre eigenen Interessen zu verfolgen und gemeinsam mit den anderen zu planen, was sie dort und wie sie es am besten machen könnten. Die sozialen Aspekte des Miteinander (Rücksichtnahme, Aufeinander achten, Solidarität usw.) sind dabei nicht weniger wichtig als die Möglichkeiten für eigenständiges Tun sowie die oft überraschenden Entdeckungen von Pflanzen, Tieren und anderem.

*Definition*
*Brachland = nicht genutztes Gelände, auf dem sich im Lauf der Jahre Wildpflanzen ansiedeln, die wiederum als Nahrungsgrundlage für verschiedene heimische Kleinlebewesen dienen. Unter ökologischen Gesichtspunkten daher oft sehr wertvoll und für Kinder oftmals die interessantesten Areale für Entdeckungen aller Art.*

## 2.2.2 Naturerkundungen

Bei Ausflügen mit Kindern geht es oft auch darum, ein bestimmtes Gebiet wie etwa ein Bachufer, einen Wald oder einen Park für das Kennenlernen von Naturphänomenen und jahreszeitlichen Veränderungen zunutzen. Naturkundliches steht dann gleichwertig neben den jeweiligen Bewegungs- und Spielmöglichkeiten.

Das sollte aber nicht so verstanden werden, dass Kindern hier gezielt etwas „beigebracht" werden muss. Beim Aufenthalt und Unterwegssein im Gelände findet **Lernen** weit intensiver dadurch statt, dass unerwartete und nur eingeschränkt planbare Beobachtungen und Entdeckungen der Kinder zu Fragen führen. Diese Fragen wollen natürlich beantwortet sein, was oft alles andere als einfach ist. Andererseits können die Antworten auf solche Fragen auch gut nach dem Ausflug gesucht und gefunden werden. Dann können Sie gemeinsam mit den Kindern in Büchern nachschlagen, wenn möglich im Internet recherchieren oder andere Personen befragen, die sich in dem betreffenden Punkt auskennen. Für die Kinder bedeutet das nicht nur, dass ihre Fragen sehr ernst genommen werden, sondern sie erleben diese „Suche nach Wissen" auch als kleines Abenteuer, denn sie selbst sind es, die hier etwas *Frag-Würdiges* entdeckt haben, das die Erwachsenen ansonsten vielleicht gar nicht bemerkt hätten.

Kinder eines Horts bauen sich in einem hügeligen Waldgebiet innerhalb eines selbst abgegrenzten Areals ein Haus aus Ästen und Zweigen – Teil einer zweckbestimmten Naturerkundung.

## 2.2.3 Ausflüge richtig planen

Bei der Vorbereitung von Ausflügen stehen meist organisatorische Fragen an erster Stelle. Hinzu kommen Fragen der Ausrüstung und der inhaltlichen Planung. Eine kleine Übersicht im Stil einer Checkliste soll verdeutlichen, was im Vorfeld geklärt und vorbereitet werden sollte. Dabei gilt, dass der Aufwand bei regelmäßig durchgeführten Ausflügen sehr viel geringer ist, weil bestimmte Dinge in diesem Fall bereits prinzipiell geklärt und eingeführt sind. Außerdem können Sie dann vielleicht sogar auf einen *Ausrüstungskoffer* zurückgreifen, in dem sich die wichtigsten Dinge befinden, die bei Ausflügen ins Gelände mitgeführt werden sollten.

*Bei diesem winterlichen Waldausflug wurden kleine Schubkarren und Schaufeln mitgenommen – Anlass und Gelegenheit für ausgiebige Arbeiten mit Schnee.*

**Organisatorische Fragen**

- Team: Alle Teammitglieder bzw. Ihre Kolleg/Innen sollten über den geplanten Ausflug informiert sein. Diejenigen, die mit den Kindern unterwegs sind, sollten das gerne tun und sich darauf mit einer flexiblen, verantwortungsbewussten und unterstützenden Haltung einlassen können.

- Träger der Einrichtung: In manchen Fällen muss der Träger der Einrichtung über das Ausflugsziel informiert werden und beispielsweise genehmigen, dass der Ausflug über die Gemeindegrenzen hinaus führt. Hintergrund sind zumeist haftungsrechtliche Gründe.

- Eltern: Die Eltern müssen damit einverstanden sein, damit ihre Kinder an solchen Ausflügen teilnehmen dürfen. Hier hilft es sehr, wenn eine derartige umweltpädagogische Arbeitsweise bereits im pädagogischen Konzept der Kindertageseinrichtung verankert

## 2.2 Ausflüge in die Umgebung

und erklärt ist. Immerhin haben die Eltern dafür Sorge zu tragen, dass ihre Kinder den Witterungsverhältnissen angepasst gekleidet sind. Außerdem ist eine Aufklärung über mögliche Verletzungsrisiken und Gefährdungen durch Zecken, Fuchsbandwurm und Giftpflanzen sinnvoll – am besten im Rahmen eines gemeinsamen Elternnachmittages oder Elternabends.

– Andere Behörden und Ämter: Bei häufigen Aufenthalten in einem bestimmten Wald kann es sinnvoll sein, mit dem Forstamt bzw. dem zuständigen Revierförster oder den Privatbesitzern des Waldgebietes Kontakt aufzunehmen. Dadurch können Sie unter Umständen etliche hilfreiche Informationen über das betreffende Gebiet erhalten. Das Betreten von Wäldern erfordert hierzulande keine Genehmigung. Das kann aber nötig werden, wenn Sie dort für sich und die Kinder einen festen Lagerplatz einrichten wollen.

### Ausrüstung für unterwegs (abhängig vom Einzelfall)

– Erste Hilfe-Ausrüstung

– Mobiltelefon

– Pflegemittel: Sonnenschutzmittel, Frischwasser und saubere Tücher

– Behaglichkeit und Wohlbefinden: etliche Decken und Isoliermatten

– Verpflegung: Getränkeflaschen und Vorratsbehälter für Essen, Mülltüten

– Naturkundliche Arbeitsprojekte: Je nach Thema beispielsweise einige Lupen, Bestimmungsbücher, Fotoapparat, Zeichenmaterial, Sammeldosen usw.

Ausflüge mit Kindern und der Aufenthalt im freien Gelände sind bei guter Vorbereitung in der Regel als völlig unproblematisch anzusehen. Dennoch gibt es gewisse Risiken und Unannehmlichkeiten, die Sie kennen und richtig einschätzen sollten. Dabei kann man zwischen vier „Risikograden" unterscheiden:

1. Konkretes **Risiko** (Gefährdung), das unbedingt rechtzeitig bzw. im Vorfeld erkannt und nach Möglichkeit vermieden werden sollte.

2. Unannehmlichkeit, die man nach Möglichkeit vermeiden sollte.

*Nach der Schneeschmelze. Wasserdichte Stiefel und robuste Kleidung sind hier offenkundig sehr sinnvoll.*

3. Problemsituation, die nicht unbedingt vermieden werden sollte, die aber zu ihrer Bewältigung Wissen und Informiertheit sowie ein bestimmtes Engagement erfordert.
4. Allgemeines Risiko, das bei Ausflügen und beim Aufenthalt im Freien nicht oder kaum vermeidbar ist, auf das Sie aber im Einzelfall mit geeigneten Maßnahmen gut reagieren können.

*Aufgabe 2.5*
Ordnen Sie die nachfolgend genannten Punkte einer dieser vier „Risikograde" zu. Vergleichen Sie Ihre Einschätzungen anschließend mit den Angaben in Kapitel 6.
- Prellungen und Knochenbrüche
- Aufenthalt auf unwegsamem Brachland, morastigem oder felsigem Gelände
- Kontakt bzw. Beschäftigung mit Giftpflanzen
- Zecken (Zeckenbisse)
- Gewitter, Schlagregen, sehr starke Winde
- Aufenthalt in windbruchgefährdeten Wäldern bei heftigem Wind bzw. Sturm
- Stiche und Kratzer durch stachelige oder dornige Pflanzen
- unmittelbare (!) Nähe zu Nestern von Wespen, Hornissen sowie Bienenstöcken
- Aufenthalt an abbruchgefährdeten Geländeteilen, Überhängen
- Aufenthalt im Bereich (allgemein zugänglicher) Ruinen und vergleichbarer Baukörper
- Stiche durch Mücken, Wespen, Bienen oder Hornissen
- Aufenthalt auf verbotenem bzw. nicht ausreichend gesichertem Gelände (z. B. Baustellen, Betriebsgelände, Verkehrsflächen)
- freilaufende Hunde
- Sonnenbrand bzw. zu starke UV-Strahlung
- Gefahr des Ertrinkens, besonders bei Kindern, die (noch) nicht schwimmen können; dazu gehört auch der Aufenthalt auf nicht ausreichend tragfähiger Eisdecke auf einem Gewässer
- Platzwunden und Abschürfungen
- Gefährliche Wegverläufe an Straßen und Straßenquerungen
- Nasswerden ohne Möglichkeit zum Trocknen bzw. Kleiderwechsel

Lassen Sie sich durch diese Aufzählung nicht irritieren. Im Grunde handelt es sich um allgemein bekannte Punkte, die uns meist nur im Bedarfsfall bzw. beim Eintreten eines entsprechenden Ereignisses bewusst werden. Zum Zweck der Vorbereitung von Ausflügen mit Kindern sollte man aber diesen Katalog mindestens einmal durchgegangen sein. Selbst über mögliche Risiken und die eigene Haltung dazu im Klaren zu sein, gibt Ihnen nicht nur ein sichereres Gefühl, sondern hilft auch sehr, wenn Sie die Eltern der betreffenden Kinder über Ihre Ausflüge informieren.
Einzelheiten zu bestimmten Risiken wie Giftpflanzen, Insektenstiche und UV-Strahlung finden Sie in den Kapiteln 3.2.3, 3.3.4 und 4.4.2.

## 2.3 Naturerfahrungsspiele

### 2.3.1 Überraschung, Konzentration und Abenteuer

Natur- und Umweltpädagogik hat viele Facetten. Neben der Ermöglichung unmittelbarer Naturerfahrungen und einer altersgemäßen Vermittlung verschiedener Kenntnisse geht es gerade bei Kindern auch um Methoden, sich bestimmten Naturerfahrungen spielerisch anzunähern. Für solche Methoden wird häufig der Begriff *Naturerfahrungsspiel* verwendet.

## 2.3 Naturerfahrungsspiele

**Definition**
*Naturerfahrungsspiele = Spiele im Freien, bei denen Naturwahrnehmung und Konzentration auf bestimmte Aspekte der Natur eine besonders große Rolle spielen. Teils auf das Kennenlernen, teils auf die Nachahmung von Pflanzen und Tieren bezogen. Durchführung je nach Spielregel paarweise oder in Gruppen, in vielen Fällen ganzjährig möglich.*

**Aufgabe 2.6**
1. Die beste Umgebung für viele beliebte Naturerfahrungsspiele ist der Wald. Woran könnte das liegen? Ist diese Vorliebe für den Wald berechtigt?
2. Welche Naturerfahrungsspiele kennen Sie aus eigener Erfahrung? Haben Sie ein Lieblingsspiel? Wenn ja, welches?
3. Warum könnte man auch den Einsatz einer „Suchliste" (vgl. Kapitel 1.1) als Naturerfahrungsspiel bezeichnen?

*Antworten auf diese Fragen finden Sie in Kapitel*

Bei der Wahl eines geeigneten Naturerfahrungsspiels kommt es auf verschiedene Faktoren an. Besonders wichtig sind dabei:

- Alter der Kinder (einschließlich: Kondition, Bewegungssicherheit usw.)
- Gruppengröße (soll/kann paarweise oder in Gruppen gespielt werden?)
- Zeitliche Vorgaben bzw. Beschränkungen
- Geländeeigenschaften (dichter oder lockerer Baumbestand/Bewuchs, eben oder hügelig, Versteckmöglichkeiten usw.)
- Jahreszeit und Witterungsverhältnisse (Bei niedrigen Temperaturen sind Spiele zu bevorzugen, bei denen die Kinder sich ausreichend bewegen können.)
- Ein eventuell angestrebtes Thema (z. B. Lebensweise eines Eichhörnchens, Technik eines Naturhausbaues)
- Materialbedarf (Art und Umfang der eventuell erforderlichen Hilfsmittel)
- Anzahl der erwachsenen Begleitpersonen/Spielbetreuer

Naturerfahrungsspiele stellen auch ein Instrument dar, Kindern einen individuellen Zugang zur Natur zu eröffnen. Ein positives Grundgefühl, Spaß und ein fröhliches Miteinander gehören untrennbar dazu, wenn wir solche Spiele umweltpädagogisch nutzen wollen. Immerhin geht es auch darum, Kinder mit einem natur- und umweltverträglichen Handeln vertraut zu machen und damit einen Beitrag zur Entwicklung ihres Umweltbewusstseins zu leisten. Ob und wie das gelingt, hängt stark davon ab, welchen emotionalen Wert solche Naturerfahrungen für die betreffenden Kinder haben und wie sie die im Spiel gewonnenen Eindrücke in Erinnerung behalten.

Da Alter und Entwicklungsstand der Kinder bei der Wahl eines Naturerfahrungsspiels sehr wichtig ist, soll dieser Aspekt etwas genauer beleuchtet werden. Die folgende Übersicht von Rudolf Nützel stellt eine Beziehung zwischen *Alter des Kindes*, der *allgemeinen Entwicklung des Spielens* und dem *Umgang mit Naturobjekten* her (Nützel, 2007, S. 65).

| Alter | Entwicklung des Spielens | Umgang mit Naturobjekten |
|---|---|---|
| 0 bis 1 Jahr | Funktions- und Tätigkeitsspiel: Nach der Zeit des Schauens in den ersten drei Monaten, beginnt der Säugling die Funktionsweise von Objekten zu entdecken. Er spielt auch mit seinen eigenen Körperteilen und mit kleinen Teilen an seinen Kleidungsstücken. Er hat Freude an Vers- und Fingerspielen. | Naturobjekte werden betrachtet, betastet und in den Mund genommen. |
| 1 bis 2 Jahre | Das Kind beginnt Tätigkeiten der Mutter nachzuahmen. Es führt mit der Puppe oder seinem Teddybären alltägliche Handlungen aus, die mit ihm durchgeführt werden. Es hat gerne kleine Gegenstände zum Spielen. Kinder bis zwei Jahre spielen nicht miteinander, sondern nebeneinander. | Das Kind spielt gerne mit Sand und Wasser, Blätter und Blumen reißt es ab. |
| 2 bis 3 Jahre | Das Kind beginnt mit Rollenspielen. Auch fremde Personen werden nachgeahmt. Mit Spielsachen kann sich das Kind alleine beschäftigen. Es hat Freude an Bewegungsspielen. Zu einem gemeinsamen Spielen mit anderen Kindern kommt es nur selten. Im dritten Lebensjahr ist das Kind mehr auf Spielsachen und Erwachsene orientiert und weniger auf das Zusammenspielen mit Gleichaltrigen. | Aus Sand und Lehm werden einfache Dinge geformt. |
| 3 bis 4 Jahre | Die Häufigkeit des Rollenspiels nimmt ständig zu. Das Kind spielt immer mehr mit anderen Kindern zusammen. | Hat das Kind etwas aus Naturmaterialien hergestellt, so bewundert es sein Werk und erwartet auch von Erwachsenen Bewunderung. |
| 4 bis 5 Jahre | Das Kind zeigt längere Perioden von Lieblingsbeschäftigungen. Es kann gut in kleineren Gruppen bis zu fünf Kindern spielen und ist in der Lage sich Spielregeln unterzuordnen. Auch der Wettbewerb mit anderen Kindern ist beliebt. | Das Kind nimmt sich bestimmte Projekte vor, bei denen in der Natur etwas umgestaltet wird (z. B. Blumenbeet). Naturerfahrungsspiele mit Wettbewerbscharakter werden gerne gemacht. |
| 5 bis 6 Jahre | Gemeinschaftsspiele nehmen immer mehr Raum ein. Gegenstände werden im Spiel umgedeutet. Beim Spiel mit Puppen wird das passende Zubehör (Kleider, Möbel) immer wichtiger. | Basteln mit Naturmaterialien unter Mithilfe von Erwachsenen findet steigendes Interesse. |
| 6 bis 7 Jahre | Einfache Spielgegenstände stellt das Kind selbst her. Spielerisch lernt es ohne den Besuch einer Schule Lesen, Schreiben und Rechnen. | Aus Naturobjekten werden immer kompliziertere Kunstwerke hergestellt. |

Selbstverständlich kann und soll eine solche Zusammenstellung nur zur Orientierung dienen. Individuelle Entwicklungsverläufe führen zu teilweise erheblichen Abweichungen, weshalb es wichtig ist, die Kinder sorgfältig zu beobachten, um sie weder zu überfordern noch ihnen bestimmte Anregungen und Handlungsmöglichkeiten vorzuenthalten.

## 2.3.2 Spielideen für draußen

Einige besonders schöne Spielideen werden bereits seit Jahrzehnten umgesetzt. Sie gehen zu einem großen Teil auf ein kleines Buch zurück, das als Klassiker der Umweltpädagogik bezeichnet werden könnte und bereits in mehreren Auflagen erschienen ist: „Mit Kindern die Natur erleben" (Cornell, 1999). Kritisch anzumerken ist, dass Cornells Spielesammlung teilweise stark von den Gegebenheiten der großen nordamerikanischen Wälder geprägt ist und die Spiele deshalb für unsere Zwecke manchmal etwas variiert werden müssen. Es bleibt aber das Verdienst des Autors, die spielerischen Naturerfahrungen von Kindern eng mit der Förderung von Fähigkeiten wie Aufmerksamkeit und Konzentrationsvermögen zu verknüpfen.

Einige dieser Spiele, teilweise etwas abgeändert, sowie andere eigene Vorschläge werden im Folgenden kurz vorgestellt. Es handelt sich dabei um eine Auswahl von Spielen, die sich bereits vielfach bewährt hat. Dennoch kann es für Sie sinnvoll sein, die Regeln zu variieren, wenn Sie das eine oder andere Spiel mit Kindern durchführen wollen.

### Schlafender Geizhals

Bei diesem Spiel, das auf ganz unterschiedliche Weise vorbereitet und durchgeführt werden kann, geht es vor allem um konzentriertes Hören, geduldiges Warten und leises Anpirschen.

*Für dieses „Stofflabyrinth", Wohnort des „Geizhalses" werden Tücher aller Art mit Wäscheklammern an Schnüren so aufgehängt, dass sie ein möglichst vielseitiges Wegesystem bilden.*

*Das Anpirschen an den „Geizhals" ist ziemlich schwierig. Auch vorsichtige Kinder können kaum vermeiden, dass immer wieder trockene Blätter rascheln und kleine Zweige knacken.*

Ein Kind mit verbundenen Augen spielt einen „schlafenden Geizhals", der einen vor ihm liegenden Gegenstand bewacht, vielleicht eine kleine Glocke. Nacheinander versuchen nun andere Kinder, sich anzuschleichen und diese Glocke wegzunehmen. Wenn der „Geizhals" vorher erkennt, aus welcher Richtung ein „Dieb" kommt und mit dem Finger in die richtige Richtung zeigt, ist der Versuch gescheitert; ein anderes Kind wagt dann den Raub. Wem das letztlich gelingt, darf den nächsten „Geizhals" spielen.

### Dinge am Weg

Auch hier handelt es sich eigentlich um eine Wahrnehmungsübung, die aber mit ein wenig Fantasie leicht und gut vorbereitet werden kann und Kindern immer wieder Spaß macht:

*Ein merkwürdiges Wesen mitten auf dem Schotterweg – schnell gelegt aus einigen Kieselsteinen und eines der Elemente, die die Kinder erkennen und sich merken sollten.*

Entlang einer vereinbarten, nicht zu kurzen Wegstrecke werden eine Anzahl „besonderer" Dinge ausgelegt, aufgestellt oder aufgehängt. Die Kinder, die anschließend hintereinander in gewissen Abständen den Weg entlang gehen, wissen weder, wie viele Dinge dort angebracht wurden, und noch weniger sind sie über die Art der Dinge informiert. Sie wissen nur soviel: Es handelt sich um Dinge, die an diesem Platz nicht von Natur aus zu finden wären.
Alle Dinge sind zwar gut vom Weg aus zu sehen, aber je nach beabsichtigtem Schwierigkeitsgrad unterscheiden sich manche nicht besonders deutlich von der Umgebung: Sie sind beispielsweise relativ klein (z. B. ein Glasfläschchen) oder farblich unauffällig (z. B. ein braunes Stofftuch). Andere wieder fallen zwar rasch ins Auge, irritieren aber aufgrund ihrer Natürlichkeit und erfordern ein wenig Wissen, ob es sich nicht doch um ein hier natürlich vorkommendes Objekt handeln könnte (z. B. ein großer Pinienzapfen). Der Fantasie sind kaum Grenzen gesetzt, und selbstverständlich kann dieses Spiel auch gut gemeinsam mit Kindern für andere geplant und vorbereitet werden.
Insgesamt hat es sich bewährt, nicht mehr als etwa zehn verschiedene Dinge einzusetzen, und es genügt, wenn für den Weg bei langsamem Gehen (ohne stehen zu bleiben!) etwa fünf bis zehn Minuten benötigt werden. Während dieser Zeit sollte übrigens nicht gesprochen werden. Zum Abschluss dieser Konzentrations- und Aufmerksamkeitsübung wird entweder gemeinsam überlegt, wer was wo gesehen hat, oder die Kinder notieren für sich selbst auf ein Blatt Papier, was sie entdeckt haben und woran sie sich erinnern können.

### Kieselsucher

Auch bei diesem Vorschlag handelt es sich um ein Spiel zur Wahrnehmungsübung. Im Gegensatz zu den vorigen Beispielen geht es hier um den Tastsinn, der in unseren Füßen steckt, und um eine etwas ungewöhnliche Erfahrung des Suchens und Findens.

Zur Vorbereitung wird eine ebene Erd- oder Rasenfläche abgegrenzt. Auf diese Fläche streuen Sie nun etliche rundlich-flache Kieselsteine, je nach Größe der Fläche können es durchaus zwanzig oder mehr Steine sein.
Für das eigentliche Spiel, die Kieselsuche, ziehen die Kinder Schuhe und Strümpfe aus und es werden ihnen die Augen verbunden. Mit den Füßen tastend suchen die Kinder nun das Areal nach den Steinen ab. Wenn ein Stein ertastet worden ist, darf er mit den Händen aufgehoben und eingesteckt werden.

## 2.3 Naturerfahrungsspiele

Je nach Alter und Anzahl der Kinder kann eine Zeit vereinbart werden: Wer hat in zwei oder drei Minuten die meisten Kieselsteine entdeckt?

### Apfelboot

„Baut aus selbst gesammelten Materialien ein kleines Boot, das einen Apfel befördern kann. Bis zu 7 Punkte könnt ihr für die Bauweise und Gestaltung des Bootes erhalten, je 3 weitere Punkte gibt es, wenn es eurem Boot gelingt, mit dem Apfel gut durch alle drei Tore zu kommen, die im Bach markiert sind."

Die Aufgabe, ein kleines Boot aus selbst gesammelten Hölzern zu bauen, fordert bereits jüngere Kinder heraus und kann zu allerlei fantasievollen Lösungen führen. Je nach Alter der Kinder und beabsichtigtem Schwierigkeitsgrad der Aufgabenstellung können Sie den Kindern zusätzlich bestimmte Hilfsmittel wie Brettchen, Bindfaden oder Schnur und vielleicht sogar einfache Werkzeuge wie eine kleine Säge anbieten.

Der Bootsbau kann auch Bestandteil einer umfangreicheren *Öko-Rallye* sein, bei der die Kinder in kleinen Gruppen auch verschiedene andere Aufgaben lösen sollen. Der Wettbewerb der Boote könnte dann den krönenden Abschluss der Rallye bilden, wobei die oben genannte Aufgabenstellung allerdings erfordert, dass die Boote in einem kleinen Bach zum Schwimmen gebracht werden können. Mit langen Latten und Fähnchen können Sie dort Tore setzen, die von den Booten zu passieren sind.

*Bei älteren Kindern können die Vorgaben ruhig etwas anspruchsvoller sein. Der Bau größerer und/oder aufwändig gestalteter Boote kann dann durchaus ein mehrstündiges Arbeitsprojekt sein. Es geht um Fantasie, handwerkliches Geschick – und etwas Glück.*

### Mein Baum

Die Suche nach einem Baum, dessen Stamm zuvor blind ertastet wurde, ist ein weiteres, sehr einfaches Spiel, das Kinder gerne immer wieder spielen. Dabei führt ein „sehendes" Kind ein anderes Kind zu einem bestimmten Baum und lässt ihn sorgfältig betasten. Anschließend wird das Kind, dessen Augen verbunden sind, wieder zurück zum Ausgangsplatz geführt und die Binde abgenommen: Lässt sich der *richtige* Baum wieder finden?

*Jeder Baum fühlt sich anders an – wenn man ihn aufmerksam genug abtastet.*

### *Naturspion*

Während die Suche mit verbundenen Augen nach einem bestimmten, zuvor ertasteten Baum den Sehsinn für eine kurze Zeit bewusst gänzlich ausschaltet, um die anderen Sinneswahrnehmungen umso stärker zur Geltung zu bringen, rückt bei diesem Spiel das Sichtbare in den Vordergrund – wenn auch begleitet durch akustische und andere Wahrnehmungen.

Gemeinsam suchen Sie mit den Kindern in einem Wald oder an einem Waldrand ein Gelände, dessen Boden trocken ist und zum Sitzen und Liegen einlädt. Jedes Kind sucht sich dort seinen eigenen Platz, legt sich auf den Rücken und lässt sich von Ihnen mit einigen dürren Zweigen, Blättern, Zapfen und Gräsern bedecken. Der Kopf bleibt dabei frei, wobei Sie um das Gesicht des Kindes einige Aststücke wie einen improvisierten Fensterrahmen legen können. Wichtiger als eine große Menge Material zu verwenden, ist es aber, dass die Kinder das angenehme Gefühl gewinnen, im Waldboden versteckt zu sein und von diesem Versteck aus ihre Umgebung beobachten zu können. Vor allem der Blick nach oben, in und zwischen die Baumkronen, kann ein großes Erlebnis sein.

Je nach Alter und Interesse der Kinder kann eine solche Beobachterposition viele Minuten lang eingehalten werden. Die Kinder entscheiden dabei selbst, wie lange sie liegen bleiben wollen. Dabei sollten Sie jene Kinder, die zuerst wieder aufstehen, leise von den anderen, die diese besondere Situation noch ein wenig genießen wollen, wegführen und bitten, am Rand des „Spielfeldes" zu warten.

Da sich manche Kinder zunächst vielleicht vor krabbelnden Käfern fürchten, sollte dieses Spiel nicht ganz unvorbereitet gestartet werden. Auch ist es für die Anleitung der Kinder nicht unerheblich, ob Sie eine solche Beobachterposition selbst kennen und mögen. Bevor Sie die Kinder in „Naturspione" verwandeln, machen Sie die Kinder am besten beiläufig mit dem Krabbeln eines Käfers oder einer Ameise auf Ihrer/ihrer Hand vertraut und beobachten Sie gemeinsam das eine oder andere Tier, das Sie oder die Kinder auf dem Waldboden entdecken können.

## 2.3 Naturerfahrungsspiele

### Eichhörnchenspiel

Zahlreiche Spiele mit ganz bestimmten Regeln sind im Grunde *Bewegungsspiele*. Dabei können die Anforderungen an Körperkraft und Ausdauer je nach Umgebung und Gelände, Gruppengröße und Spielverlauf sehr unterschiedlich sein.

Beim „Eichhörnchenspiel" geht es um das Einfühlen in das Verhalten eines kleinen, allen Kindern gut bekannten Säugetieres. Diese Tiere, deren Nahrung durchaus vielseitig ist – sie nutzen nicht nur Nüsse und andere Baumsamen, sondern auch Pilze, Beeren, Vogeleier und erbeuten sogar Jungvögel – vergraben im Herbst Nüsse und andere Leckereien in kleinen Verstecken, um gut über den Winter zu kommen. Das wird nun von den Kindern nachgeahmt, wobei die erste Spielrunde darin besteht, einen entsprechenden Vorrat anzulegen. Dazu erhält jedes Kind von Ihnen eine bestimmte Menge an Haselnüssen (z. B. 10 Stück), und wenn alle Kinder die Nüsse erhalten haben, starten sie, um diesen Vorrat auf etwa 3–4 Verstecke innerhalb eines vereinbarten Spielfeldes aufzuteilen. Die Kinder („Hörnchen") sollten sich aber nicht nur gut merken, wo sie ihre Nussdepots angelegt haben, sondern auch ihre Mitspieler ein wenig im Auge behalten: Denn wie bei den richtigen Eichhörnchen auch dürfen in den weiteren Spielrunden auch die Nüsse aus den Verstecken der anderen „Hörnchen" geholt werden.

Diese anderen Spielrunden stellen jeweils einen Wintermonat dar, in dem je nach Strenge des Winters mal mehr, mal weniger Nüsse zum Überleben gebraucht werden. Entsprechend leiten Sie diese Spielrunden ein: „Der Dezember ist da. Es hat stark geschneit und die Hörnchen finden kaum etwas zu futtern auf den Bäumen und Sträuchern. Um einigermaßen gut über diesen Monat zu kommen, muss jedes Hörnchen jetzt *vier Nüsse* bringen!"

Ein Startsignal ertönt (z. B. Trillerpfeife), und die Kinder müssen nun innerhalb weniger Minuten (Trillerpfeife!) die geforderte Anzahl Nüsse beschaffen, notfalls auch aus den Verstecken anderer Hörnchen, die das akzeptieren müssen.

Sinnvollerweise gibt es etwa drei bis vier Spielrunden (Dezember bis Februar oder März). Dazu sollten Sie sich unterschiedliche kleine Einleitungstexte einfallen lassen, mit denen der Verlauf eines Winters nachgezeichnet wird.

Es gibt natürlich immer Hörnchen, die den Winter aus verschiedenen Gründen nicht überleben. Die ausgeschiedenen Kinder kommen auf den „Hörnchenfriedhof", einen Platz am Rande des Spielgeschehens, um die noch Lebenden nicht zu behindern oder zu beeinflussen. Sterben kann ein Hörnchen nicht nur an Hunger und Entkräftung (keine oder zu wenige Nüsse gefunden), sondern auch an Überernährung (zu viele Nüsse gebracht). Und es kann als verschollen erklärt werden, wenn es am Ende der Spielrunde nicht sofort zurück an den Sammelplatz kommt, und scheidet damit für diesen Spieldurchgang ebenfalls aus.

### Riechrallye und Früchtequiz

Es gibt zahlreiche Vorschläge, Kinder spielerisch mit Gemüse- und Obstarten, Gewürzen, Käsesorten und anderen Nahrungsmitteln bekannt zu machen. Viele dieser Ideen basieren auf dem Konzept einer Rallye, wobei die Teilnehmer häufig mit verbundenen Augen ein bestimmtes Aroma riechen oder schmecken und beispielsweise einer Frucht oder einer Pflanze zuordnen sollen.

Im Mittelpunkt stehen Konzentration, Orientierungsleistungen und eine entsprechende Wissenserweiterung.

*Wiesenklee riecht angenehm süß.*

### Fledermaus und Nachtfalter

Bei diesem Spiel geht es wieder um ein *Bewegungsspiel*, das sich das Jagdverhalten von *Fledermäusen* zum Vorbild nimmt. Während eine größere Anzahl Kinder auf einer ebenen Wiese einen großen Kreis bildet, versuchen ein, zwei oder drei Kinder mit verbundenen Augen in diesem Kreis als *Fledermäuse* einige andere Kinder zu fangen. Diese spielen *Nachtfalter*, brauchen keine Augenbinden zu tragen und dürfen sich innerhalb des Kreises frei bewegen. Die *Fledermäuse* können die *Nachtfalter* zwar nicht sehen, aber wenn sie Laute oder einen bestimmten Ruf ausstoßen, müssen die *Nachtfalter* sofort laut und deutlich darauf antworten – ein Echo geben. Gefangene *Nachtfalter* stellen sich in den Kreis zurück, der vor allem den blinden *Fledermäusen* Sicherheit gibt, nicht gegen ein unangenehmes oder gefährliches Hindernis zu laufen.

Im Zusammenhang mit dieser Regel können Sie den Kindern auch erklären, dass die echten Fledermäuse ihre Beute dadurch finden, dass ihre Ultraschallrufe vom Körper der Insekten zurückgeworfen werden. Die Fledermäuse, die zudem ein äußerst feines Gehör besitzen (im Verhältnis zur Körpergröße riesige Ohren!), reagieren blitzschnell und packen zu. Man kann sagen: Fledermäuse sehen mit den Ohren.

Dieses Spiel erfordert viel Konzentration und besonders von den Fledermäusen und Nachtfaltern auch eine gute Kondition. Da es sich andererseits um ein eher kurzes Spiel handelt, können die Rollen der Spieler auch regelmäßig ausgetauscht werden.

### Blinde Reise

Die „Blinde Reise" lässt sich zwar auch als *Naturerfahrungsspiel* bezeichnen, aber wichtiger als die rein spielerischen Elemente erscheint hier die Möglichkeit einer intensiven Selbstwahrnehmung.

Zur Durchführung einer „Blinden Reise" spannen Sie in einem Gelände, das den Kindern bekannt oder unbekannt sein kann, zwischen Bäumen ein starkes, ungefähr 50 Meter langes Tau. An diesem Führungsseil tasten sich die Kinder dann mit verbundenen Augen einzeln vorwärts. Das Gelände muss nicht eben sein und das Seil kann durchaus in unterschiedlicher Griffhöhe verlaufen.

## 2.3 Naturerfahrungsspiele

*Selbstwahrnehmung und Vertrauen sind die zentralen Elemente einer „Blinden Reise". Zur Einstimmung können Sie die Kinder zunächst paarweise ausprobieren lassen, wie es sich anfühlt, eine bestimmte Strecke mit geschlossenen Augen und von einem anderen Kind geführt zurückzulegen.*

Wichtig ist allerdings, die auftretenden Schwierigkeitsgrade vorab sorgfältig zu prüfen, am besten in einem kleinen Selbstversuch mit geschlossenen Augen. Da merkt man dann rasch, wenn eine Passage zu schwierig werden könnte. Sie sollten bereits bei der Wahl des Geländes (Schwierigkeitsgrad, möglicher Verlauf des Führungsseils) die psychischen Voraussetzungen und Grenzen der Kinder berücksichtigen.

Bei der Anleitung der Kinder ist es wichtig, eine konzentrierte und dennoch entspannte Atmosphäre zu schaffen. Ängstliche Kinder sollen sich zu nichts gezwungen fühlen, besonders lebhafte Kinder sollten hier ein wenig gebremst werden: *Eine Reise ist immer etwas, bei der unerwartete Dinge passieren können, bei der man vorsichtig sein und alles sehr aufmerksam verfolgen sollte.* Eine „Blinde Reise", die auch von einem eher ängstlichen Kind gut bewältigt wird, kann für dieses Kind ein wichtiges und nachhaltiges Erlebnis darstellen. Es wird sich gestärkt, mutig und glücklich fühlen.

### „Ich bin..." – Tiere erraten

Zuletzt noch eine Anregung für ein Ratespiel zum Wissen der Kinder über heimische Wildtiere. Hier gibt es wenig feste Vorgaben, weder, was die Auswahl der Tiere, noch was die Informationen über die entsprechenden Tiere betrifft. Im Wesentlichen geht es darum, Kindern einige Tiere so vorzustellen, dass – ohne dass die Tierart beim Namen genannt wird – in kurzen Sätzen zu dem jeweiligen Tier einige Informationen gegeben werden. Nach jedem Detail („Ich habe zwei Beine, aber meistens fliege ich.") machen Sie

*Nachdem die Kinder – möglicherweise mit Ihrer Hilfe – herausgefunden haben, um welches Tier es sich handelt, zeigen Sie den Kindern eine Skizze oder ein Foto des gesuchten Tiere*

eine kleine Pause, während der die Kinder eine Vermutung äußern können, um welches Lebewesen es sich handelt.

Die Informationen sollten zunächst sehr allgemein sein („Ich habe sehr große Augen.") und erst später, an vorletzter oder letzter Stelle, wird ein zielführendes Detail genannt („Ich lasse mich nicht gerne blicken. Meist hörst du nur abends und nachts meine lang gezogenen Rufe. Wenn du auch so rufst, kann es sein, dass ich dir antworte."). Nach höchstens etwa sechs Einzelinformationen sollte zumindest ein Großteil der Kinder das betreffende Tier erkannt bzw. erraten haben.

*Aufgabe 2.7*
*Die oben genannten Informationen beziehen sich auf einen Uhu. Ergänzen Sie die bereits genannten Informationen durch mindestens zwei weitere und bringen Sie die Angaben in eine Reihenfolge, bei der die allgemeinste Angabe an erster und die präziseste Information an letzter Stelle steht. Einen Vorschlag dazu finden Sie in Kapitel 6.*

### Eulen und Krähen

Bei diesem Spiel geht es darum, genau zu zuhören, schnell zu reagieren und laufen zu können, wenn Sie als Spielleiter/in eine bestimmte Aussage gemacht haben. Diese Aussage soll entweder absolut richtig oder absolut falsch sein. Sie entscheidet darüber, welche Gruppe von Kindern – die „Eulen" oder die „Krähen" – das Recht hat, innerhalb eines bestimmten Spielfeldes die Mitglieder der anderen Gruppe zu fangen. Handelt es sich um eine richtige Aussage, so machen die „Eulen" Jagd auf die „Krähen", bei einer falschen Aussage jagen die „Krähen" die „Eulen". Das Spiel beginnt mit zwei gleich großen Gruppen, die sich in zwei Reihen auf der Mitte des Spielfeldes im Abstand von etwa zwei Metern gegenüber stehen. In einer Entfernung von ungefähr sieben bis zehn Metern liegt hinter jeder Gruppe jeweils ein Lager, das Sicherheit vor den Jägern bietet.

Bereits nach der ersten richtigen oder falschen Aussage kann sich das Zahlenverhältnis der beiden Gruppen stark verändert haben. So können reaktionsschnelle „Eulen" bei einer richtigen Aussage jede Menge „Krähen" erwischen, zumal dann, wenn einige von ihnen in die falsche Richtung laufen, weil sie die Aussage für falsch gehalten haben. Die erjagten „Krähen" starten beim nächsten Durchgang als „Eulen", weshalb es wichtig ist, zwischen richtigen und falschen Aussagen immer wieder zu wechseln – wenn auch nicht regelmäßig.

Obwohl für die Durchführung dieses Spiels alle möglichen richtigen und falschen Aussagen verwendet werden können, bietet es sich an, Informationen aus dem Bereich der Natur einzusetzen. Je nach Alter und Vorwissen der Kinder können die Aussagen sehr einfach oder etwas anspruchsvoller sein. Allzu lange Sätze sind jedoch zu vermeiden, eine kleine Kunstpause vor dem entscheidenden Wort erhöht aber die Spannung. Außerdem ist das Spiel hervorragend geeignet, neu gelernte Begriffe und Informationen einzuüben.

Beispiele für richtige Aussagen:

– „Ahornblätter verfärben sich im – Herbst."
– „Marienkäfer legen Eier."
– „Mücken können Menschen stechen."
– „Dachse können nicht fliegen."
– „In flachen, warmen Tümpeln gibt es oft viele – Mückenlarven."

Beispiele für falsche Aussagen:

- „Die Fichte verliert im Herbst ihre Nadeln."
- „Obstbaumholz brennt nicht."
- „In Deutschland gibt es keine Wildschweine mehr."
- „Eichhörnchen haben – Federn."
- „Wenn es regnet, wird die Erde – trocken."

## 2.4 Essen und Trinken

Wer natur- und umweltpädagogisch arbeiten möchte, hat vermutlich vor allem Themen wie das Kennenlernen von Pflanzen und Tieren, den Aufenthalt im Freien und das Erkunden verschiedener Biotope oder auch, welche **Naturerfahrungsspiele** für Kinder besonders gut geeignet sind, im Sinn. Aus mehreren Gründen sollte aber gerade auch das Thema der Ernährung eine Rolle spielen.

> *Aufgabe 2.8*
> *Welche Gründe sprechen dafür, Ernährungsfragen (auch) als umweltpädagogische Themen zu betrachten? Notieren Sie in Stichworten alle Argumente, die Ihnen wichtig erscheinen und vergleichen Sie Ihre Aufzeichnungen dann mit den Angaben in Kapitel 6.*

Schnittlauch gehört zu den Gewürzpflanzen, die Kinder nicht nur rasch kennen, sondern auch gerne essen. Pflanzen Sie doch einmal einige Schnittlauchstöcke am Rand der Spielwiese an!

Mit den ebenfalls essbaren Blüten von Borretsch („Gurkenkraut") können Salate und andere Speisen verziert werden.

*Der Spitzwegerich ist eine weit verbreitete und seit Jahrhunderten genutzte Arzneipflanze, deren lange, schmale Blätter auch hervorragend in Wildsalate passen.*

*Wenn Kinder einmal wissen, dass man auch Gänseblümchen essen kann, kann es schon vorkommen, dass die Spielwiese dann richtiggehend danach „abgegrast" wird.*

## 2.4.1 Grundlagen der Ernährung

Dort, wo sich Umweltpädagogik mit Fragen der Ernährung auseinandersetzt, wird ein übergeordnetes Ziel darin zu sehen sein, Kinder an eine gesunde, d. h. ihrer Entwicklung zuträglichen, Ernährung heranzuführen. Das erfordert natürlich eine Auseinandersetzung mit den Bestandteilen unserer Ernährung. Viele Kinder wissen heute viel zu wenig über die Herkunft und Verarbeitung von Nahrungsmitteln. Nicht immer und überall ist es möglich, Kindern die Kultur von Nutzpflanzen, Tierhaltung und Fleischproduktion und andere Prozesse der Nahrungsmittelproduktion anschaulich zu vermitteln. Einfacher ist es da schon, Kinder bei der Auswahl von Nahrungsmitteln im Rahmen von Einkauf und Zubereitung wenigstens gelegentlich einzubeziehen und mit ihnen über das angebotene Sortiment zu sprechen.

An erster Stelle aller Ernährungsfragen steht die Aufnahme von Flüssigkeit, d. h. Wasser. Der menschliche Körper, der zu etwa 60 bis 75 % aus Wasser besteht, ist auf eine regelmäßige Wasserzufuhr angewiesen, weil über Urin, Kot, Schweiß sowie Atemluft ständig Wasser ausgeschieden wird. In seiner Bedeutung als Lösungsmittel zahlreicher Nahrungsbestandteile wie auch als Quellmittel

*Kinder sollen sehr viel trinken. Wasser, ungesüßter Tee und mit Wasser verdünnte Fruchtsäfte stehen dabei an erster Stelle.*

## 2.4 Essen und Trinken

für schwerer verdauliche Nahrungsmittel ist Wasser unersetzlich. Aus entwicklungsphysiologischen Gründen benötigen Kinder dabei für ihren *Stoffwechsel* mehr Wasser als Erwachsene (vgl. Weber/Wessel/vom Wege, 2000, S. 24).

**Getränke** (leichte und ungesüßte Tees oder Wasser) sollen daher den ganzen Tag zur Verfügung stehen und für die Kinder selbstständig erreichbar sein. Leitungswasser wird dabei übrigens in seiner Bedeutung meist völlig unterschätzt: Es ist ständig verfügbar und in Deutschland das am besten kontrollierte Lebensmittel.

*Definition*
*Stoffwechsel = Aufnahme, Verarbeitung (Verdauung) und Ausscheidung von Stoffen, die dem Aufbau und der Aufrechterhaltung eines Organismus dienen. Neben den über die Nahrung zugeführten Stoffen wie Kohlenhydrate, Eiweiße (Proteine), Fette, Mineralstoffe und Vitamine spielen dabei vor allem auch körpereigene Produkte wie Enzyme und Hormone eine große Rolle.*

Außer Wasser, das in fast allen Nahrungsmitteln in einer mehr oder weniger großen Menge enthalten ist, befinden sich darin auch Stoffe, die aufgrund ihrer Herkunft, ihres Aufbaues sowie ihrer chemischen Eigenschaften zu Gruppen zusammengefasst werden:

| Stoffgruppe | Chemische Einordnung | Anmerkungen zum Stoffwechsel |
| --- | --- | --- |
| Kohlenhydrate | Verschiedene Arten von Zucker und Stärke | Verdauung stufenweise, überschüssige Kohlenhydrate werden im Körper zunächst als *Energiereserve* gespeichert. Zusätzlich aufgenommene Kohlenhydrate werden zu Fett umgewandelt und in das *Fettgewebe* des Körpers eingelagert. |
| Fette und Öle | Verschiedene pflanzliche und tierische Fette und Öle | Diese meist wasserunlöslichen Stoffe werden durch Enzyme, insbesondere dem *Gallensaft*, in winzige Tröpfchen zerteilt und so für die weitere Verdauung aufbereitet. Überschüsse werden im *Fettgewebe* eingelagert. |
| Proteine | *Eiweißkörper*, bestehend aus etwa 100 bis über 200.000 Aminosäuren | Die über viele Schritte verlaufende Proteinverdauung dient in den ersten Lebensjahren vor allem der *Zellbildung* und später der Erneuerung von Zellen und der Eiweißbausteine des Blutes. |
| Mineralstoffe | Natrium, Kalium, Calcium, Magnesium, Eisen, Jod, Kupfer *(Mengenelemente)*, Chrom, Molybdän, Zink *(Spurenelemente)* | Mineralstoffe müssen vom Körper regelmäßig aufgenommen werden. Calcium ist aufgrund seiner Bedeutung in der Wachstumsphase für Kinder besonders wichtig. |
| Vitamine | *Wasserlösliche Vitamine* (z. B. B1, B2, B6, C) und *fettlösliche Vitamine* (A, D, E, K) | Vitamine können vom Körper selbst ebenfalls nicht oder nicht ausreichend hergestellt werden und müssen über die Nahrung aufgenommen werden. |

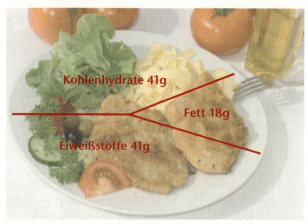

Diese *Stoffgruppen* sollten in der Nahrung in einem ausgewogenen Mengenverhältnis enthalten sein. Dabei ist vor allem auf das Mengenverhältnis der drei hauptsächlichen Energielieferanten zu achten.

Es gibt inzwischen viele wissenschaftliche Untersuchungen zur gesunden Ernährung in der Kindheit. Eltern wie pädagogische Fachkräfte können sich hier Informationen und Anregungen holen. Beispielsweise kann sich ein Speiseplan an den Empfehlungen der Deutschen

*Eine ausgewogene Ernährung sollte die drei hauptsächlichen Energielieferanten in einem bestimmten Verhältnis berücksichtigen.*

Gesellschaft für Ernährung (DGE) orientieren, die für eine vollwertige Ernährung zehn Regeln aufgestellt hat.

Die 10 Regeln der DGE
„1. Vielseitig essen
Genießen Sie die Lebensmittelvielfalt. Merkmale einer ausgewogenen Ernährung sind abwechslungsreiche Auswahl, geeignete Kombination und angemessene Menge nährstoffreicher und energiearmer Lebensmittel.
2. Reichlich Getreideprodukte und Kartoffeln
Brot, Nudeln, Reis, Getreideflocken, am besten aus Vollkorn, sowie Kartoffeln enthalten kaum Fett, aber reichlich Vitamine, Mineralstoffe sowie Ballaststoffe und sekundäre Pflanzenstoffe. Verzehren Sie diese Lebensmittel mit möglichst fettarmen Zutaten.
3. Gemüse und Obst – Nimm „5 am Tag"
Genießen Sie 5 Portionen Gemüse und Obst am Tag, möglichst frisch, nur kurz gegart, oder auch 1 Portion als Saft – idealerweise zu jeder Hauptmahlzeit und auch als Zwischenmahlzeit: Damit werden Sie reichlich mit Vitaminen, Mineralstoffen sowie Ballaststoffen und sekundären Pflanzenstoffen (z. B. Carotinoiden, Flavonoiden) versorgt. Das Beste, was Sie für Ihre Gesundheit tun können.

*Kartoffelbrei mit Erbsen – ein Gericht, das auch gemeinsam mit den Kindern zubereitet werden kann und dann natürlich doppelt so gut schmeckt (vgl. Kapitel 2.4.3)*

**2.4 Essen und Trinken**

**4. Täglich Milch und Milchprodukte; ein- bis zweimal in der Woche Fisch; Fleisch, Wurstwaren sowie Eier in Maßen**
Diese Lebensmittel enthalten wertvolle Nährstoffe, wie z.B. Calcium in Milch, Jod, Selen und Omega-3 Fettsäuren in Seefisch. Fleisch ist Lieferant von Mineralstoffen und Vitaminen (B1, B6 und B12). Mehr als 300-600 g Fleisch und Wurst pro Woche sollten es nicht sein. Bevorzugen Sie fettarme Produkte, vor allem bei Fleischerzeugnissen und Milchprodukten.

**5. Wenig Fett und fettreiche Lebensmittel**
Fett liefert lebensnotwendige (essenzielle) Fettsäuren und fetthaltige Lebensmittel enthalten auch fettlösliche Vitamine. Fett ist besonders energiereich, daher kann zu viel Nahrungsfett Übergewicht fördern. Zu viele gesättigte Fettsäuren erhöhen das Risiko für Fettstoffwechselstörungen, mit der möglichen Folge von Herz-Kreislauf-Krankheiten. Bevorzugen Sie pflanzliche Öle und Fette (z.B. Raps- und Sojaöl und daraus hergestellte Streichfette). Achten Sie auf unsichtbares Fett, das in Fleischerzeugnissen, Milchprodukten, Gebäck und Süßwaren sowie in Fast-Food- und Fertigprodukten meist enthalten ist. Insgesamt 60–80 Gramm Fett pro Tag reichen aus.

**6. Zucker und Salz in Maßen**
Verzehren Sie Zucker und Lebensmittel bzw. Getränke, die mit verschiedenen Zuckerarten (z.B. Glucosesirup) hergestellt wurden, nur gelegentlich. Würzen Sie kreativ mit Kräutern und Gewürzen und wenig Salz. Verwenden Sie Salz mit Jod und Fluorid.

**7. Reichlich Flüssigkeit**
Wasser ist absolut lebensnotwendig. Trinken Sie rund 1,5 Liter Flüssigkeit jeden Tag. Bevorzugen Sie Wasser – ohne oder mit Kohlensäure – und andere kalorienarme Getränke. Alkoholische Getränke sollten nur gelegentlich und nur in kleinen Mengen konsumiert werden.

**8. Schmackhaft und schonend zubereiten**
Garen Sie die jeweiligen Speisen bei möglichst niedrigen Temperaturen, soweit es geht kurz, mit wenig Wasser und wenig Fett – das erhält den natürlichen Geschmack, schont die Nährstoffe und verhindert die Bildung schädlicher Verbindungen.

**9. Nehmen Sie sich Zeit, genießen Sie Ihr Essen**
Bewusstes Essen hilft, richtig zu essen. Auch das Auge isst mit. Lassen Sie sich Zeit beim Essen. Das macht Spaß, regt an, vielseitig zuzugreifen und fördert das Sättigungsempfinden.

**10. Achten Sie auf Ihr Gewicht und bleiben Sie in Bewegung**
Ausgewogene Ernährung, viel körperliche Bewegung und Sport (30 bis 60 Minuten pro Tag) gehören zusammen. Mit dem richtigen Körpergewicht fühlen Sie sich wohl und fördern Ihre Gesundheit."
*(Deutsche Gesellschaft für Ernährung e.V., 2009)*

## 2.4.2 Ernährungskonzepte für Kinder

Für Kindertageseinrichtungen gibt es ganz unterschiedliche Ernährungskonzepte. Dabei dominiert heute die Fernverpflegung, d.h. das Essen wird in Wärmebehältern aus einer zentralen Küche geliefert. Daneben spielt aber auch die Zubereitung bestimmter Speisen in der Einrichtung eine große und wichtige Rolle. Hier geht es in erster Linie um die Zubereitung von Salaten, Rohkost (Gemüse) und Desserts sowie dem Angebot von Obst und Getränken.

Auf Fragen der Speisenplanung und -zubereitung in einer Kindertageseinrichtung soll hier nicht näher eingegangen werden. Für die umweltpädagogische Arbeit entscheidend ist vielmehr, das Thema insgesamt immer wieder aufzugreifen, da es darum geht, Kinder so früh wie möglich und spielerisch an eine vollwertige Ernährung heranzuführen. In Kinderkrippen, Kindergärten und Horten werden die Grundsteine für das spätere Ernährungsverhalten gelegt. Spätere Bemühungen im Erwachsenenalter, die Ernährungsgewohnheiten positiv zu beeinflussen, sind weitaus schwieriger und deutlich weniger erfolgreich.

Die Empfehlungen der *Deutschen Gesellschaft für Ernährung (DGE)* lassen sich weit gehend auch auf eine „Küche für Kinder" übertragen, sind aber auf jeden Fall eine wichtige Grundlage für die Entwicklung anderer Ernährungskonzepte und -pläne.

Als ein speziell auf die Ernährung von Kindern und Jugendlichen zugeschnittenes Konzept ist die **optimierte Mischkost** „optimiX" zu nennen, die vom Dortmunder Forschungsinstitut für Kinderernährung entwickelt wurde (vgl. Kersting, 2002). Dieses Konzept wurde mittlerweile in vielen Kindertageseinrichtungen eingeführt.
Die drei Grundregeln dieses Konzepts lauten:

- Reichlich: Getränke und pflanzliche Lebensmittel
- Mäßig: tierische Lebensmittel
- Sparsam: fett- und zuckerreiche Lebensmittel

Neben den ernährungswissenschaftlichen Erkenntnissen ist es für die praktische pädagogische Arbeit wichtig, das Essverhalten von Kindern zu berücksichtigen. Für Kinder besitzt Essen nämlich in hohem Maß auch ein spielerisches Element, wobei auch die Gesellschaft mit anderen Kindern eine große Rolle spielt. Essen wird mit allen Sinnen wahrgenommen. Es geht um Zuschauen und Nachahmen, Ausprobieren und Dekorieren – und eher nebenbei auch ums Essen.
Der vielleicht wichtigste Einfluss auf die Entwicklung des Ernährungsverhaltens von Kindern besteht im Vorbild der Erwachsenen. Deren Ernährungsvorlieben und -gewohnheiten prägen Kinder bereits von der frühen Kindheit an. Daher spielt das gemeinsame Essen mit Kindern eine so große Rolle. Dabei können Kinder auch viel darüber lernen, wie ein Tisch gedeckt wird und ein Essen in angenehmer und kommunikativer Atmosphäre stattfinden kann. Zudem werden sie durch Beobachtung und Nachahmung sehr schnell mit grundlegenden Regeln unserer Tischkultur vertraut: Sie lernen etwa gegenseitige Rücksichtnahme, aber auch das Essen mit Messer und Gabel wird in der Gemeinschaft leichter und schneller gelernt.

## 2.4.3 Essbares aus dem Garten

Im Garten einer Kindertagesstätte lassen sich etliche Nutzpflanzen ziehen, die für Kinder interessant sind und deren Kultur nicht allzu aufwändig ist. Die dafür nötigen gärtnerischen Kenntnisse können Sie sich relativ leicht aneignen, aber in erster Linie geht es doch um das eigene Tun und die gerade auch für die Kinder spannende Frage, wie es von einem Samenkorn zu einer „richtigen" Pflanze mit Blättern, Blüten und (essbaren) Früchten kommt (vgl. Kapitel 2.1.3).

## 2.4 Essen und Trinken

### Die Erbse

Als Beispiel wollen wir die **Erbse** herausgreifen, eine uralte und sehr wertvolle Kulturpflanze, die Kinder heute aber oft nur noch tiefgefroren oder als Dosengemüse kennen.

Erbsen können mit Kindern leicht angebaut werden. Es handelt sich um ein feines Frühlingsgemüse, dessen Aussaat etwa im April erfolgt. Sie brauchen dafür nur einen eher sonnigen Platz und möglichst feinkrümelige, nicht allzu nährstoffreiche und tiefgründige Erde. Da die Erbsenpflanzen bis etwa 60 cm hoch werden, ohne Kletterhilfe aber am Boden entlang wachsen, sollte man ihnen schon vor der Aussaat eine entsprechende Kletterhilfe bauen. Die Kinder können dazu in die vorgesehene Aussaatreihe kreuzweise dünne Zweige stecken, und zwar so, dass ein etwa 60 bis 70 Zentimeter hoher Jäger- oder Scherenzaun entsteht, der es den Blattranken der Erbsen ermöglicht, sich zu verankern. Dann wird neben den Zweigen ausgesät: Im Abstand von 3 bis 4 Zentimetern legen die Kinder je einen Samen in eine ungefähr 5 Zentimeter tiefe Rille,

*Erbsenpflanzen sind recht anspruchslos und gedeihen bei ein bisschen Pflege in fast jedem Garten.*

die anschließend zugeschüttet wird. Bei mehreren Reihen beträgt der Abstand zwischen den Saatreihen am besten ungefähr 40 Zentimeter. Die weitere Pflege beschränkt sich auf gelegentliches Jäten und Gießen. Ab Ende Mai kann oft schon geerntet werden.
Besonders empfehlenswert für den Anbau mit Kindern sind verschiedene Sorten der sogenannten *Zuckererbse* (auch Kaiserschote, Kiefelerbse, Kefen genannt), eventuell auch Markerbsen, die allerdings eine etwas härtere Schale besitzen.
Erbsen besitzen einen außerordentlich hohen Gehalt an Kohlenhydraten, der bei reifen Samen bis zu etwa 60 Prozent der Trockenmasse betragen kann. Außerdem enthalten Erbsen 20 bis 25 Prozent Eiweiß, etwas Fett, die Vitamine A, B1, B2, C, E und Mineralstoffe wie Kalium, Magnesium, Eisen und Zink.

Als Rohkost sind im Grunde nur Zuckererbsen geeignet. Diese kann man samt Hülsen essen, weil sie keine faserige Pergamentschicht besitzen. Wichtig zu wissen ist außerdem, dass alle Erbsen Eiweißkörper enthalten, die ungekocht für uns Menschen schwer verdaulich sind. Aus diesem Grund werden Erbsen meist nur gekocht verwendet, vor allem in der Erbsensuppe, die – je nach Rezept – mehr oder weniger ausschließlich aus pürierten Erbsen gemacht wird. Gekochte Erbsen als Gemüsezubereitung sollten hingegen ganz bleiben – die grünen kleinen Kugeln machen dieses Gemüse für Kinder besonders reizvoll.

### Die Kartoffel

Eine andere, nicht weniger wertvolle Gemüsepflanze ist die **Kartoffel**. Auch dieses Gemüse kann mit Kindern ohne großen Aufwand kultiviert werden. Wichtig ist hier vor allem, *Saatkartoffeln* zu verwenden, das sind Kartoffelknollen, die in Gartencentern, landwirtschaftlichen Verkaufsstellen oder einzelnen Bauern speziell für den Kartoffelanbau angeboten werden. Im Gegensatz zu den in Gemüseläden und Supermärkten verkauften Kartoffeln sind Saatkartoffeln nicht mit keimhemmenden Substanzen behandelt worden – eine entscheidende Voraussetzung, dass der Anbau gelingt.

Kartoffelanbau findet in der Regel längst auf großen Feldern statt, wobei verschiedene Spezialmaschinen zum Einsatz kommen. Dabei vergessen wir leicht, dass dieses Gemüse auch ganz leicht im Garten kultiviert werden kann, und dass dieser Anbau sehr einfach ist. Auch das ist ein Grund, dieses Gemüse gemeinsam mit Kindern zu kultivieren. Zwar kann das Wachstum der Knollen nicht unmittelbar beobachtet werden, umso überraschender und befriedigender ist dann die Ernte, wenn die Kinder vorsichtig grabend eine gelblichbraune runde Knolle nach der anderen zu Tage fördern. (Vorsicht ist bei der Ernte nötig, da die Knollen nicht durch die Grabwerkzeuge beschädigt werden sollten.)

*Ein „chinesisches Kartoffelhotel" – eine Kartoffelpflanzung auf engstem Raum, wodurch später vor allem viele kleine kugelrunde Knollen geerntet werden können.*

Etwas ungewöhnlich, für Kinder aber besonders spannend ist der Kartoffelanbau in Form eines mehrstöckigen Beetes. Dazu werden Saatkartoffeln in kleinen Holzsteigen mit durchlöcherten Böden übereinander gesetzt. Bei solchen Holzsteigen handelt es sich um einfache, flache Holzkisten, wie man sie beim Obst- und Gemüsehändler kostenlos bekommen kann. Die erste Lage wird je nach Witterungsverlauf ab etwa April gesetzt und mit nahrhafter Humuserde abgedeckt. Ein bis zwei Wochen später wird die zweite Lage darauf gesetzt, und nochmals zwei Wochen später eine dritte Lage. Die austreibenden Kartoffelpflanzen wachsen jeweils durch die neuen Erdschichten durch, während sie im Untergrund ihre Speicherknollen bilden. Falls nötig, wird das „Kartoffelhotel" gegossen, sonst braucht es keine weitere Pflege. Geerntet wird ab etwa Ende Juli, wenn das Kartoffellaub gelb und dürr geworden ist.

### Der Kürbis

Die dritte Gemüseart, die hier vorgestellt werden soll, hat wieder Früchte, deren Wachstum gut beobachtet werden kann: der **Kürbis**, ein Fruchtgemüse, von dem es weltweit eine ungeheuer große Anzahl an Züchtungen (Sorten) gibt, und das ebenfalls in nahezu jedem Garten leicht angebaut werden kann. Zwei Bedingungen sind dabei einzuhalten: Erstens sind Kürbispflanzen kälteempfindlich und sollten erst nach etwa Mitte Mai (Zeit der „Eisheiligen") ins Freie gepflanzt werden. Zweitens benötigen die Pflanzen eine sehr nahrhafte und nicht zu trockene Erde, am besten reine Komposterde.

*Kürbispflanzen sind sehr robust und können auch von Kindern gut umgetopft und ausgepflanzt werden.*

> **Aufgabe 2.9**
> Testen Sie Ihr Wissen bzw. Ihre Einschätzung über den Anbau von Kürbissen und versuchen Sie, folgende Fragen zu beantworten. Die Lösung finden Sie in Kapitel 6.
> 1. Kürbisse können je nach Sorte und Düngung teilweise sehr groß werden. Wie schwer wurde der bislang größte Kürbis (Stand Herbst 2008)?
> 2. Der Kürbis ist botanisch gesehen a) eine Kapselfrucht, b) eine Beere, c) ein Schötchen, d) eine Steinfrucht oder e) eine Sammelfrucht?
> 3. Wozu können Kürbisfrüchte verwendet werden?
> 4. Woher stammt die Kürbispflanze? Wo liegt ihre geografische Heimat?
> 5. Wann kann ein Kürbis frühestens geerntet werden? Wann spätestens?

Die Zucchini ist eine nahe Verwandte des Kürbis und genau so einfach zu kultivieren. Besonders attraktiv ist diese gelbfrüchtige Sorte, die sich auch sehr gut für eine Rohkostplatte eignet.

### 2.4.4 Gemeinsames Kochen und Backen

Ein Essen gemeinsam mit den Kindern zu zubereiten, macht diesen nicht nur viel Spaß, sondern vermittelt auch jede Menge praktischer Kenntnisse und Erfahrungen. Wenn sich die Küche der Einrichtung für ein solches Vorhaben nicht nutzen lässt, so können Sie mit bestimmten Arbeitsschritten, vor allem die arbeitsaufwendigeren Vorarbeiten (z. B. Gemüse und Salat putzen, schälen, schneiden), auch auf einen anderen Raum ausweichen. Falls etwas gekocht oder gebacken werden sollte, ist es ohnehin nötig, sich mit der Köchin bzw. dem Koch abzustimmen.

*Beispiel:*
*Brote streichen und belegen, Obst und Gemüse waschen und in Stücke schneiden, sind Aufgaben, die auch schon jüngere Kinder gerne unter Mitwirkung der Erwachsenen übernehmen wollen. Im Wechsel können Sie den Kindern unterschiedliche Brotsorten (z. B. Vollkornbrot, Sonnenblumenbrot, Sojabrot oder Dinkelbrot) anbieten. Vielleicht haben Sie sogar die Möglichkeit, Brote oder Brötchen auch einmal selbst zu backen – gemeinsam mit den Kindern, versteht sich. Der Aufwand ist geringer, als man meint.*

*Aufstriche, Salate und kleine Snacks lassen sich auch mit Kindern frisch zubereiten, verschiedene Käsesorten bereichern das Bild. Sehr beliebt bei Kindern unterschiedlichen Alters sind in Stäbchen, Würfel oder in Scheiben geschnittene Möhren, Kohlrabi, geschälte Gurken, Zucchini und Paprika. Auch verschiedene Obstsorten je nach Jahreszeit sind beliebte und wichtige Vitaminspender.*

Beispiele für einfache Rezepte gibt es sehr viele, angefangen von Brotaufstrichen und Salaten bis hin zu Eintopfgerichten und Suppen, Gemüsetaschen (mit fertig zu kaufendem Blätterteig) und verschiedene Arten von Gebäck, Keksen und Kuchen.
Einige solcher Rezepte sollen hier vorgestellt werden. Selbstverständlich können das nur Anregungen sein, die Sie vielleicht ermutigen, selbst nach weiteren Rezeptideen Ausschau zu halten, die sich in einer „Kinderküche" gut verwirklichen lassen.

### Wiesenpflanzenbutterbrot
Verschiedene frische, klein gehackte Kräuter wie Kerbel, Gänseblümchen, Blätter der Wilden Möhre, junge Löwenzahn- und Schafgarbenblätter, Petersilie, Schnittlauch, Dill auf flachen Teller streuen. Mit Butter bestrichene Brotscheiben mit der Butterseite auf die Kräutermischung drücken und vorsichtig abheben.

### Wiesenpflanzen-Frühjahrssalat
Junge Blätter von Löwenzahn, Brennnessel, Gänseblümchen, Sauerklee, Giersch, Spitzwegerich, Gundermann, Petersilie, Knoblauchsrauke waschen, klein hacken und mit gehackten Nüssen mischen. Salatsauce aus einer/einigen zerdrückten Pellkartoffeln, etwas Zitronensaft oder Essig, Öl und Salz mit den Kräutern vermengen. Mit hart gekochten Eiern und Blüten von Borretsch, Kapuzinerkresse oder Gänseblümchen verzieren.

### Holunderblütensirup
20–30 Holunderblütendolden waschen und dabei gründlich auf kleine Insekten untersuchen. 2 Liter Wasser mit 1 kg Zucker erhitzen (bis sich der Zucker aufgelöst hat), 4 unbehandelte, in Scheiben geschnittene Zitronen und die Blütendolden zugeben. Das Ganze zwei Tage an einen sonnigen Platz stellen und danach durch ein Tuch sieben. Vor dem Abfüllen in Flaschen 40 g Zitronensäure als Schutz gegen Gärung zugeben. Zum Trinken im Verhältnis 1:6 mit Wasser verdünnen.

*Vor dem Abfüllen wird der Holunderblütensaft durch ein Tuch gesiebt, um alle feinen Pflanzenteilchen zurückzuhalten.*

## Kürbissuppe

Für dieses etwas aufwändigere Rezept benötigen Sie – und die Kinder – zwar mehr Zeit, aber dafür gibt es ein wunderbares Herbstessen.
Zunächst werden zwei bis drei Zwiebeln geschält und fein gewürfelt. Das Kürbisfleisch (netto etwa 1 kg) in ungefähr zentimetergroße Stückchen schneiden.
Die Zwiebeln werden in etwas Butter angedünstet, die Kürbisstückchen zugefügt und dann nach und nach mit heißer Gemüse- oder Rinderbrühe aufgegossen. (Diese Brühe könnten Sie aus Suppenknochen, Suppengemüse und Gewürzen auch selbst herstellen, aber in diesem Fall verwenden Sie vermutlich besser eine fertige Suppenbrühe.)
Nach ungefähr 15 Minuten Kochzeit sollte der Kürbis so weich sein, dass er zerfällt und jetzt mit einem Pürierstab leicht weiter zerkleinert werden kann. Allerdings ist es gut, wenn noch einige Kürbisstückchen erhalten bleiben und die Suppe etwas sämig wird. Mit Salz, Pfeffer und einer Prise Zucker abschmecken. Zuletzt etwas fein gehackten Dill in die Suppe ziehen. Unmittelbar vor dem Servieren könnten Sie noch in einer Pfanne ohne Fett Pinienkerne goldbraun rösten, von denen sich dann jeder ein wenig über die Suppe streuen kann.

## Gemüsereis

Hier geht es nicht zuletzt darum, gemeinsam mit den Kindern verschiedene Gemüsearten vorzubereiten und daraus ein einfaches und schmackhaftes Gericht zuzubereiten.
Für etwa 12–15 Portionen benötigen Sie folgende Zutaten:

- 750 g Reis

- 2 Stangen Porree (Lauch)

- 1 Stück Kürbis (ungefähr 300 g)

- 4–5 kleine Möhren

- 1 kleiner Blumenkohl, in Röschen geteilt

- 10 Esslöffel geriebener oder in feine Scheiben geschnittener Parmesan

- 1 kleines Glas Olivenöl (ca. 100 ml)

- Salz und Kräuter nach Geschmack (z. B. Petersilie, Kerbel, ein wenig Liebstöckel)

Das Gemüse wird gewaschen, in kleine Stücke geschnitten und gemeinsam mit den Kräutern in etwa 1,5 Liter Wasser zum Kochen gebracht. Bei geschlossenem Deckel und kurzer Kochzeit (ca. 5 Minuten) bleibt das Gemüse bissfest und behält seine Farbe.
Das Gemüse aus dem Topf nehmen und in der Brühe nun den Reis kochen. Nach etwa 10 Minuten das Gemüse wieder zugeben und die Mischung weiter kochen lassen. Nachdem der Reis weich und das Wasser verdampft ist, den Topf vom Feuer nehmen und ein paar Minuten zugedeckt stehen lassen.
Mit ein wenig Olivenöl und darüber gestreutem Parmesan servieren.

Für dieses Rezept können besonders gut die Gemüsearten der jeweiligen Saison genutzt werden, wobei verschiedene Kombinationen von Gemüse und Gewürzpflanzen denkbar sind:

- Kürbis, Lauch, Möhre, Lorbeerblatt (Herbst, Winter)

- Kohl, Möhre, Sellerie, Tomate, Basilikum (Sommer, Herbst)

- Artischocke, Zucchini, Petersilie oder Thymian (Sommer)

- Spinat, Mangold, Möhre, Petersilie oder Minze (Frühjahr, Herbst)

## Blumentopfbrot

Das Backen erfordert wie auch das Kochen einer Suppe, dass Sie die Küche der Einrichtung entsprechend nutzen dürfen. Beim Backen von Kuchen und Brot wie beispielsweise sogenannten „Blumentopfbroten" kann allerdings die eigentliche Arbeit auch gut außerhalb der Küche erledigt werden.

„Blumentopfbrote", frisch aus dem Backofen

Ein **„Blumentopfbrot"**, dessen Zubereitung mit verschiedenen weiterführenden Aspekten in „Expedition Leben" (Österreicher, 2009, S. 103 ff.) ausführlich beschrieben wird, kann ähnlich wie andere Backwaren aus Weizen, Dinkel, Mais oder anderen Getreidearten ein guter Anlass sein, mit den Kindern über die Bedeutung des Getreides und Brotbackens zu sprechen. Bei Rezepten, bei denen Hefe verwendet wird, kommt noch etwas ganz Besonderes hinzu: die Arbeit mit etwas Lebendigem (Die Bäckerhefe ist ein Pilz mit bemerkenswertem Eigenleben.).

## Karottenkuchen

Für dieses ebenfalls sehr einfache Rezept genügen für einen Kuchen folgende Zutaten:

- 60 g Kartoffelmehl
- 100 g Zucker
- 3 Eier (Eigelb und Eiklar getrennt)
- 150 g Karotten
- 100 g gehackte Mandeln

- Zesten (=sehr dünn abgeschälte und in Streifen geschnittene äußere Schale) von einer unbehandelten Zitrone

Zunächst werden die Eigelbe mit dem Zucker aufgeschlagen. Dann kommen die nächsten Zutaten hinzu: die fein geriebenen Karotten, die Mandeln, die Zitronenzesten und das Kartoffelmehl. Wenn das alles sehr gründlich miteinander vermengt ist, rührt man vorsichtig das steif geschlagene Eiklar unter und füllt das Ganze in eine Kastenform.
Bei einer Backtemperatur von 180 °C ist der Kuchen nach ungefähr 45-50 Minuten fertig.

## 2.5 Hygienefragen, Abfall und Müll

### 2.5.1 Sauberkeit um jeden Preis?

Wer sich mit Kindern das ganze Jahr über und auch bei nassen Witterungsverhältnissen im freien Gelände aufhält, muss sich häufig mit folgenden Fragen der Eltern auseinandersetzen:

- Können sich die Kinder vor dem Essen die Hände waschen?
- Es gibt doch im Wald keine Toilette. Wie macht ihr das, wenn die Kinder mal müssen?
- Mein Kind ist ständig so verdreckt. Muss das sein?
- Bei diesem Schmutz können die Kinder sich doch mit allem Möglichen infizieren?

*Kleine Kinder nehmen gelegentlich auch Erde und Schlamm in den Mund. Es gibt Hinweise darauf, dass das für die Entwicklung des Immunsystems sogar wichtig ist.*

Langsam spricht sich herum, dass eine übertriebene **Hygiene** genauso problematisch sein kann wie die Vernachlässigung hygienischer Aspekte. Beides hat seine Berechtigung: Die bewusste Vorsorge, sich nicht gefährlichen Krankheitserregern auszusetzen ebenso, wie das Bewusstsein, dass das menschliche Immunsystem gerade in der Kindheit gewisse Reize braucht, um sich gut entwickeln zu können.

Wir wollen uns mit dieser Thematik hier aber aus umweltpädagogischer Sicht befassen, vielleicht gleich am Beispiel Toilette: Menschliche Ausscheidungen sind nicht nur unvermeidlich, sondern gehören – als *Stoffwechselendprodukte* – selbstverständlich zu jeder ökologischen Betrachtungsweise. Bei Unternehmungen wie „Waldtagen" und anderen Ausflügen ins Gelände wird das auch Kindern rasch deutlich: Da gibt es eben weit und breit keine Toilette, aber die Kinder erfahren dabei auch, dass Urin und Kot von der Natur wieder aufgenommen werden. Wenn nicht an einer Stelle zuviel an Exkrementen landet, werden Pflanzen diese Stoffe problemlos aufnehmen und „verarbeiten", d.h. sie nutzen diese sehr stickstoffreiche Masse als Nährstoffquelle.

*Hygiene fängt beim Händewaschen an: Insbesondere unterwegs sollte zur Reinigung der Hände immer frisches Wasser zur Verfügung stehen*

Aber um es deutlich zu sagen: Grundsätzlich spielt die Hygiene eine wichtige Rolle – natürlich auch im Gelände. So gehört es hier etwa zu den Grundregeln, sich vor jeder Mahlzeit gründlich die Hände zu waschen. Da man sich nicht unbedingt immer in der Nähe einer entsprechenden Wasserstelle befindet, sollten bei „Outdoor-Unternehmungen" stets Wasserkanister oder in den Rucksäcken gut zu tragende kleinere Plastikflaschen mit Leitungswasser mitgeführt werden. Benötigt werden auch Seife, Handtücher, Toilettenpapier, Taschentücher, eventuell auch Feuchttücher und eine Nagelbürste. Je nach Alter der beteiligten Kinder können auch Windeln erforderlich sein. Ein Klappspaten oder eine Handschaufel dient zum Eingraben von Exkrementen. Auch Wechselwäsche für „kleinere Unfälle" und sonstige Missgeschicke sind unter Umständen eine sehr wichtige Ergänzung.

## 2.5.2 Abfälle, Altstoffe, Wertstoffe

In engem Zusammenhang mit dem Thema Hygiene steht die grundsätzliche Frage nach dem Umgang mit **Abfall** und **Müll**. Dabei geht es einerseits ganz konkret um den unmittelbaren Schutz des Menschen (der Kinder), andererseits grundsätzlich um Natur- und Umweltschutz.
Aus diesem Grund sollten die anfallenden Stoffe auch unterschieden werden nach:

- *organische Stoffe, die verrotten* (vergleichbar mit dem Prozess der Kompostierung): rohe Obst- und Gemüsereste, Eierschalen usw.

- *organische Stoffe, die faulen* (Zersetzung unter Ausschluss oder bei Mangel von Sauerstoff): gekochte Speisen und Speisereste, aber auch menschliche Ausscheidungen

- *künstliche Stoffe* wie Verpackungsmaterialien, Papiere, Plastikteile usw., die sich selbst auflösen („Abfall")

Es ist außerordentlich wichtig, Kindern im Sinn einer umfassenden Umweltbildung frühzeitig die Unterschiede zwischen diesen Stoffen deutlich zu machen. In der Arbeit mit Kindern unterschiedlicher kultureller Herkunft gehört dazu auch, die jeweils vorhandenen Werte und Einstellungen zu berücksichtigen. Nicht in jeder Familie wird gleichermaßen Wert gelegt auf einen umweltschonenden Umgang mit Abfall. Viele Kinder erhalten solche Informationen heute erstmals in einer Kindertagesstätte.

Erinnert sei hier an die bereits genannte Checkliste zur Vorbereitung von Ausflügen aller Art (vgl. Kapitel 2.2.3): Zur Müllentsorgung sollten immer entsprechende Behältnisse und Mülltüten vorhanden sein, um anfallenden Abfall wie Taschentücher, Feuchttücher und anderes, nässe- und geruchssicher wieder mit nach Hause nehmen und dort entsorgen zu können. Schließlich sollte das Gelände in einem Zustand verlassen werden, in dem man es auch gerne wieder aufsucht – ein Gedanke, den Sie Kindern im Grunde leicht vermitteln können.

# 3 Grundwissen Biologie

## 3.1 Arbeitsbereiche der Biologie

Wenn auch die **Biologie** thematisch für die Natur- und Umweltbildung zweifellos die wichtigste Disziplin ist, so trifft das keineswegs auf diese äußerst umfangreiche Wissenschaft insgesamt zu. Innerhalb der Biologie lassen sich heute zahlreiche Spezialgebiete unterscheiden, die für unsere Arbeit mit Kindern kaum oder gar nicht infrage kommen. Andererseits wäre uns die Beschäftigung mit rein biologischen Fragestellungen sogar zu wenig, denn Umweltbildung bedeutet auch die Auseinandersetzung mit der unbelebten Natur und bestimmten kulturellen und wirtschaftlichen Aspekten unseres Lebens. Davon später mehr (vgl. Kapitel 4 und 5).

**A** *Aufgabe 3.1*
*Schauen Sie sich die nebenstehende Abbildung bitte genau an und versuchen Sie, dazu folgende Fragen in Stichworten zu beantworten:*
1. *Worum handelt es sich auf dem Foto und wie kommt diese Ansicht zustande?*
2. *Was hat die abgebildete Struktur mit Biologie zu tun? Oder anders gefragt: Welche hier sichtbar gemachte Eigenschaft ist für Lebendiges besonders typisch?*
3. *Haben Sie eine Vermutung, welche Vorstellungen Kinder mit diesem Bild verbinden könnten?*
4. *Und wenn Sie den betreffenden Gegenstand gemeinsam mit Kindern näher erforschen und nutzen wollen: Was könnten Sie damit alles machen?*

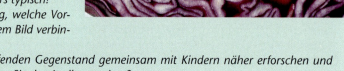

Die Biologie als Wissenschaft entwickelte sich ab etwa dem 17. Jahrhundert, wobei vor allem die Entwicklung des Mikroskops eine große Rolle spielte. Damals begann auch das große Unternehmen, das Leben auf unserem Planeten in seinen vielfältigen Erscheinungsformen systematisch zu erforschen.

## 3.1 Arbeitsbereiche der Biologie

*Naturkundliche Museen wie das erst 2008 eröffnete Ozeaneum in Stralsund wollen dem Besucher auf unterschiedliche Weise einen Einblick in die **Artenvielfalt** bei Pflanzen und Tieren geben. Solche Museen sollten auch mit Kindern unbedingt aufgesucht werden. Hier abgebildet: Vitrine mit Schneckengehäusen, Alkoholpräparate, Modelle großer Meeressäuger (Wale, Delfine).*

Neben der Erfindung des Mikroskops, mit dessen Hilfe die Körperformen von Organismen aller Art immer genauer erforscht werden konnten, waren auch die Entwicklungen in der Chemie maßgeblich am raschen Fortschritt innerhalb der Biologie beteiligt. Seit Beginn des 20. Jahrhunderts spielen zudem mathematische und statistische Methoden eine immer größere Rolle. Denn die heutige Wissenschaft verlangt vom Forscher, nicht nur eine einzelne Beobachtung detailliert zu beschreiben, sondern auch zu prüfen, inwieweit sich seine Erkenntnisse auch in einem größeren Zusammenhang bestätigen lassen. Es geht etwa oft darum herauszufinden, welche Häufigkeiten und Wahrscheinlichkeiten für das Auftreten eines Phänomens existieren: Zu- oder Abnahme einer bestimmten Vogelart, Veränderungen im Erbgut eines Organismus, Ursachen und Wirkungen bestimmter Umweltveränderungen und vieles mehr.

### Bedienung des Lichtmikroskops

- „Stellen Sie zu Beginn des Mikroskopierens die kleinste Vergrößerung ein.
- Legen Sie das Präparat über die Öffnung des Objekttisches.
- Schalten Sie das Mikroskop ein.
- Schauen Sie durch das Okular und stellen Sie durch Drehen des Triebrades die Schärfe ein. Regulieren Sie mit der Blende die Helligkeit und den Kontrast.
- Eine stärkere Vergrößerung erreichen Sie durch Drehen des Objektivrevolvers. Stellen Sie wieder vorsichtig scharf, ohne dass das Objektiv das Objekt berührt.
- Fassen Sie nicht mit den Fingern auf die Linsen von Okular und Objektiv. Säubern Sie diese ggf. mit einem weichen Lappen" (Biermann/Kaiser, 2007, S. 32).

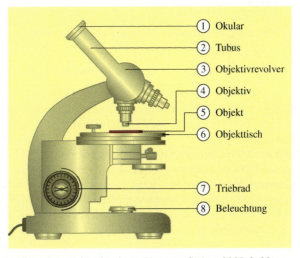

*Aufbau eines Lichtmikroskops, Biermann/Kaiser, 2007, S. 32*

## Blick durch das Mikroskop

Für Kinder ist der Blick durch ein Mikroskop immer eine besonders spannende Sache. Wenn das Vorhaben aber wirklich erfolgreich sein soll, ist es sinnvoll, zuvor selbst ein wenig zu üben. Das Gerät muss richtig eingestellt sein und gerade am Anfang ist es wichtig zu wissen, *was* man eigentlich sieht: Während man bei einer Lupe die vergrößerten Strukturen auch mit freiem Auge gut erkennen kann, ist das beim **Mikroskop**, dessen Vergrößerung oft über dem 100-fachen liegt, nur noch sehr eingeschränkt möglich. Damit stellt das Mikroskopieren einen deutlichen Wandel der gewohnten Perspektive dar, aber das ist es wohl, was auch Kinder daran fasziniert.

Bei einer lebenden **Pflanzenzelle** lassen sich im Lichtmikroskop einige bestimmte Bestandteile meist besonders gut erkennen, auch wenn sie in Größe, Form und Färbung unterschiedlich ausfallen können:

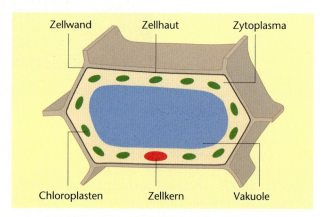

*Eine schematisch dargestellte Pflanzenzelle*

- Zellwand (aus Zellulose, typisch für Pflanzenzellen; aus Chitin bei den Höheren Pilzen),
- Zytoplasma (meist als dünner, innerer Wandbelag, bei der lebenden Zelle immer in Bewegung),
- Zellkern (ein häufig auffallender, runder oder linsenförmiger Körper),
- Plastiden (je nach ihrer Funktion unterschiedlich aussehend: grüne Chloroplasten, farblose Leucoplasten, gelb-rote Chromoplasten oder Reservestärke enthaltende Amyloplasten)
- Vakuole (Hohlraum als Speicher für Farbstoffe, Kristalle oder „Abfälle" des Stoffwechsels)

Meist liegen beim Mikroskopieren auch die Strukturen mehrerer Zellen übereinander: Eine unterschiedliche Deutlichkeit (Tiefenschärfe) hilft dabei, sie zu unterscheiden.

Hervorragend geeignet für die Arbeit mit dem Lichtmikroskop sind zum Beispiel kleine Stücke der Häute einer roten Küchenzwiebel, Wasserpest, Möhre (dünne Schnitte durch das Gewebe am Rand einer Möhre zeigen bei etwa 400-facher Vergrößerung Carotinkristalle) oder das Blatt einer **Brennnessel** (Brennhaare). Sehr gute Beschreibungen solcher Versuche mit umfangreichen und nützlichen Informationen zu den betreffenden Pflanzen finden sich in „Botanische Versuche und Beobachtungen mit einfachen Mitteln" (Molisch/Dobat, 1979).

## 3.1 Arbeitsbereiche der Biologie

*Die Große Brennnessel ist eine faszinierende Pflanze. So stellt sie etwa für zahlreiche heimische **Schmetterlinge** wie Kleiner Fuchs, Admiral, Distelfalter und Tagpfauenauge eine wichtige Raupenfutterpflanze dar. Als „Zeigerpflanze" kann sie uns auch darauf aufmerksam machen, dass der jeweilige Boden sehr nährstoffreich oder sogar überdüngt ist.*

### Ökologie – Wissenschaft vom Ganzen

Die Tatsache, dass in der Biologie heute längst nicht mehr ein Lebewesen für sich allein betrachtet werden kann, sondern stets auch seine Umwelt und vieles mehr berücksichtigt werden muss, hat vor allem einem Fachgebiet zu großer Bedeutung verholfen, der **Ökologie**. Diese Wissenschaft, die je nach Blickwinkel als Teilgebiet der Biologie oder als eigene große wissenschaftliche Disziplin angesehen wird, befasst sich nicht nur mit den Wechselwirkungen zwischen Lebewesen aller Art untereinander und mit ihrer Umwelt, sondern will auch alle anderen Faktoren berücksichtigen, die das Leben auf unserem Planeten beeinflussen.

Der Begriff Ökologie stammt von dem deutschen Biologen Ernst H. Haeckel, der 1869 als Erster Ökologie als *Naturwissenschaft* definierte. Auch wenn der Begriff zunächst noch nicht allgemein gebraucht wurde, arbeiteten bereits im 19. Jahrhundert zahlreiche Naturforscher wie z. B. Alexander von Humboldt und Charles Darwin an Fragestellungen, die wir heute als typisch *ökologisch* bezeichnen würden: möglichst umfassende Erkenntnisse über das Leben auf unserem Planeten zu gewinnen, einschließlich der verschiedenen Prozesse wechselseitiger Beeinflussung in räumlicher und zeitlicher Hinsicht.

**Definition**
Ökologie = *Wissenschaft vom Stoff- und Energiehaushalt der Biosphäre sowie aller Wechselwirkungen ihrer Bewohner untereinander und mit ihrer abiotischen Umwelt*

Damit ist die Ökologe eine Wissenschaft, die Berührungspunkte und Überschneidungen mit vielen anderen Wissenschaften hat: Chemie, Physik, Geologie, Bodenkunde, Meteorologie, Geografie und natürlich auch Botanik (Pflanzenkunde) und Zoologie (Tierkunde). Der „Arbeitsraum" der Ökologie ist letztlich die gesamte **Biosphäre** unseres Planeten.

**Definition**
*Biosphäre = jener Bereich unseres Planeten, in dem Organismen leben können. Damit sind die belebten Schichten des Bodens (Untergrund und Bodenoberfläche) einschließlich Höhlen und Gewässer sowie erdnaher Luftraum (Biosphäre im engeren Sinn) gemeint, ggf. wird der Begriff erweitert auf den unteren Teil der Atmosphäre als Flugraum der Vögel (Biosphäre im weiteren Sinn).*

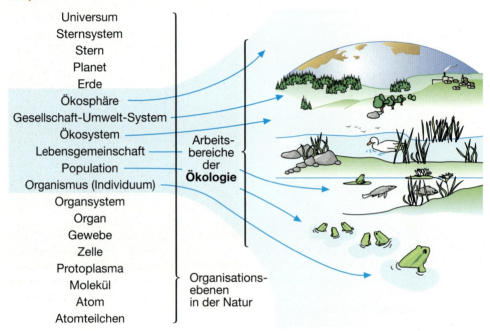

*Die Arbeitsbereiche der Ökologie hängen eng mit denen der Biologie zusammen, thematisieren aber auch viele andere Fragen und Problemstellungen.*

**Aufgabe 3.2**
Der Begriff Ökologie wird heute in vielen Zusammenhängen verwendet. In welchen Situationen und Bedeutungen ist er Ihnen schon begegnet, und weshalb ist die Verwendung dieses Begriffs im Alltag oft etwas problematisch?
Vergleichen Sie Ihre Überlegungen mit den Angaben in Kapitel 6.

## 3.2 Pflanzen und Pflanzenwachstum

Kinder stellen immer wieder Fragen, die teilweise alles andere als einfach zu beantworten sind. Gewisse allgemein-biologische Grundkenntnisse können dabei aber helfen: Warum sind Pflanzen grün? Warum gibt es hier so viele Brennnesseln? Was ist ein Moor? Ist die Tollkirsche für Vögel *nicht* giftig?

Oft ist es eine einzelne, seltsam erscheinende Pflanze, die ein Kind neugierig macht. Manchmal ist das Überraschende das massenhafte Auftreten einer bestimmten Art. Für solche Erfahrungen brauchen Kinder zunächst einmal nur etwas Zeit und Ruhe. „Frei von pädagogi-

## 3.2 Pflanzen und Pflanzenwachstum

scher Inszenierung erleben sie, dass die Natur mit spannenden Abenteuern vor der Haustüre auf sie wartet, die es zu entdecken und zu erforschen gilt" (Kreuzinger, 2000, S. 32). Das können Moose auf dem Gehweg, die bunten Blumen einer Sommerwiese oder eine Sammlung kleiner Mauerfarne in den Rissen einer Betonwand sein.

Aufbauend auf solchen Beobachtungen ist es sinnvoll, mit den Kindern immer wieder kleine botanische oder gärtnerische Experimente zu machen. **Aussaatversuche** stehen dabei an erster Stelle. So können Sie beispielsweise gemeinsam ein „Bohnenlabyrinth" bauen, indem in eine Schuhschachtel einige Querwände aus Pappe eingeklebt werden. Wenn später die Bohnensamen in einem kleinen Blumentopf, der ebenfalls in dieser Schachtel Platz findet, zu keimen beginnen, suchen sie natürlich den Weg zum Licht. Dabei wachsen sie in den merkwürdigsten Krümmungen durch die *Lichtschlitze*, die die Kinder beim Bau des Labyrinths eingerichtet haben. Die Schachtelabdeckung sollte nur zum Gießen kurz abgenommen werden – und natürlich dann, wenn Kinder überprüfen wollen, wie weit die Keimlinge schon gekommen sind. Dieses Bohnenlabyrinth ist eine ganz einfache, aber faszinierende Möglichkeit, Pflanzenwachstum zu studieren.

*Ein „Bohnenlabyrinth"*

### 3.2.1 Die Fotosynthese

Einer der zentralen Begriffe, die wir zum Verständnis von Pflanzen benötigen, steht in unmittelbarer Beziehung zum pflanzlichen Leben: Die **Fotosynthese** hat für das Leben auf unserem Planeten eine enorme Bedeutung und gilt als der wichtigste biochemische Prozess überhaupt. Pflanzen erzeugen so nicht nur jene organischen Stoffe, die sie unmittelbar für sich selbst benötigen, sondern setzen auch Sauerstoff frei, ohne den atmende Organismen nicht existieren könnten.

**Definition**
*Fotosynthese = biochemischer Prozess der Umwandlung von Kohlendioxid (Assimilation) und Wasser unter Einwirkung des Sonnenlichts in Traubenzucker und Sauerstoff. Der Ablauf findet innerhalb der Pflanzenzellen in den Chloroplasten statt. Die entsprechende Leistung einer Pflanze wird als Fotosynthesevermögen bezeichnet. Das für die Fotosynthese nutzbare Licht umfasst nur einen Teil des Strahlungsspektrums; es liegt im Wellenlängenbereich zwischen 380 nm (violettes Licht) und 710 nm (rotes Licht).*

Eine Pflanze kann jedoch nur einen Teil des Sonnenlichts nutzen bzw. aufnehmen. Dies geschieht über *Pigmente*, von denen das **Chlorophyll** die wichtigste Rolle spielt. Jene *Plastiden* (vgl. Kapitel 3.1) der Pflanzenzelle, die besonders viel Chlorophyll enthalten, werden *Chloroplasten* genannt. Chlorophyllmoleküle haben die Fähigkeit, Lichtenergie aufzunehmen und auf andere Moleküle zu verteilen. Typisch für Chlorophyll ist nun, dass dieser Mechanismus in einem bestimmten Farbbereich nur schlecht funktioniert: Das grüne Licht ist für die Pflanzen sehr viel weniger wert als andere Lichtfarben, es wird stärker reflektiert, und so erscheinen uns die Blätter der Pflanzen grün.

*Die Schuppenwurz gehört zu den wenigen Pflanzen, die kein Chlorophyll besitzen. Sie ernährt sich ausschließlich über eine Lebensgemeinschaft (**Symbiose**) mit bestimmten Pilzen, die ihren Nährstoffbedarf wiederum aufgrund spezieller chemischer Prozesse decken können.*

### Aufgabe 3.3
*Die Sonne ist für unseren Planeten eine unfassbar mächtige Energiequelle. Zwar wird ein bestimmter Teil dieser Energie in der Atmosphäre absorbiert und bereits dort in Wärme umgewandelt und ein anderer Teil in das Weltall reflektiert, doch im Mittel gelangen noch etwa drei Viertel der an der Erdatmosphäre ankommenden Strahlungsmenge auf die Erdoberfläche. Über den Prozess der Fotosynthese können Pflanzen diese Energie nutzen. Wie ist das bei Tieren? Kann man sagen, dass auch Tiere von der Sonnenenergie leben?*

*Die Farbe **Grün** kennzeichnet Pflanzen wie keine andere Farbe. Dabei gibt es eine unermesslich große Vielfalt an Tönungen, für die hier stellvertretend drei Pflanzen stehen, die zudem auch ein wenig den Effekt der jahreszeitlichen Entwicklung zeigen: Spitzahorn im Austrieb kurz vor der Blüte, Feldahorn im Frühsommer, und Hirschzungenfarn, ein heimischer immergrüner Farn mit dunkelgrünen und ledrigen Blättern.*

### Aufgabe 3.4
*Die Frage, warum Blätter im Herbst gelb, rot oder braun werden, gehört zu den von Kindern besonders oft gestellten Fragen. Kennen Sie den Grund für das Phänomen dieser **Blattverfärbung** oder können Sie sich an einen bestimmten Sachverhalt erinnern, der diesen Prozess erklärt?
Die Erläuterung finden Sie in Kapitel 6.*

*Besonders leuchtende Herbstfarben in Gelb, Orange oder Rotbraun zeigen die verschiedenen Ahorn-Arten.*

## 3.2.2 Nützliche Pflanzenkenntnisse

Obwohl die **Botanik** ein wichtiges Teilgebiet der Biologie darstellt und die Grundlagen für weite Bereiche unseres naturkundlichen Wissens liefert, gilt vielen Menschen diese Wissenschaft bestenfalls als Randerscheinung innerhalb der Naturwissenschaften. Eine indirekte Folge dieser Einstufung ist die Tatsache, dass immer weniger Kinder konkretes Wissen über die Welt der Pflanzen erwerben. Ein in diesem Zusammenhang häufig genannter Hinweis: Kinder kennen heute mehr Automarken als Namen von Wiesenblumen oder Bäumen, und das, was wir als „freie Natur" bezeichnen, ist auch vielen Erwachsenen immer weniger vertraut.

Die Natur- und Umweltpädagogik möchte auch in diesem Gebiet ein Gegengewicht herstellen. Das erfordert natürlich auch von Ihnen als pädagogische Fachkraft ein gewisses Hintergrundwissen.

### Ordnung und Zuordnung

Wenn Sie über eine bestimmte Pflanze Informationen suchen, hilft es sehr, wenigstens den Namen dieser Pflanze zu kennen. Suchen Sie aber im Index eines Bestimmungsbuchs nach einem Ihnen geläufigen deutschen Namen, kann es sein, dass Sie bei einer ganz anderen als der gesuchten Pflanze ankommen. Viele deutsche oder eingedeutschte Pflanzennamen beziehen sich nämlich auf mehrere verschiedene Pflanzen oder sind Sammelbezeichnungen für Pflanzen, die zwar viel miteinander gemeinsam haben, aber in anderen Dingen doch sehr unterschiedlich sind.

Um dieses Problem in den Griff zu bekommen und darüber hinaus eine weltweit gültige Form der Benennung zur Verfügung zu haben, nutzen Wissenschaftler – und nicht nur diese – seit etwa 250 Jahren ein ganz spezielles und sehr nützliches System der Namensgebung. In diesem sogenannten **binären Bestimmungssystem** werden Pflanzen (und Tiere) mit zwei Namen benannt, einer *Gattungs*- und einer *Art*bezeichnung. Miteinander verwandte Arten werden dann in *Familien*, *Ordnungen* und *Klassen* zusammengefasst.

Die (wissenschaftliche) Benennung und Beschreibung einer (neuen) Art folgt dabei festgelegten Kriterien und wird weltweit verstanden. Zwar gibt es auch hier unter Experten Streitfälle, was immer wieder zu Mehrfachbenennungen führt, aber bei den bekannteren und verbreiteten Pflanzen- und Tierarten sind diese wissenschaftlichen Namen allgemein anerkannt und finden sich dementsprechend auch mehr oder weniger einheitlich in allen Veröffentlichungen.

*Definition*
*Binäre Nomenklatur = wissenschaftliches System der Benennung von Tier- und Pflanzenarten, das von Carl von Linné 1753 begründet wurde: Jeder Name eines Tieres oder einer Pflanze besteht demnach 1. aus dem Namen der Gattung und 2. dem der Art, wobei eine Gattung stets die miteinander nahe verwandten Arten einschließt. Beispiel: Salvia pratensis (Wiesensalbei), Salvia officinalis (Echter Salbei).*

Die genaue Kenntnis der wissenschaftlichen Namen von Pflanzen oder Tieren ist dort unverzichtbar, wo man sich etwa in systematischer Hinsicht mit Lebewesen beschäftigt. Aber auch sonst kann es helfen, hier ein wenig Bescheid zu wissen und diese Namen zunutzen: Vergleicht man die Beschreibungen und/oder Abbildungen eines Tieres in zwei oder mehr verschiedenen (Bestimmungs-) Büchern, so stellt ein gleich lautender wissenschaftlicher Artname sicher, dass es sich hier wirklich um ein und dieselbe Tierart handelt.

### Aufgabe 3.5

Finden Sie mithilfe geeigneter Literatur heraus, um welche Wildpflanzen es sich im Folgenden handelt. Sie finden die hier angegebenen wissenschaftlichen Bezeichnungen meist leicht im Index von Bestimmungsbüchern und vieler naturkundlicher Sachbücher:
1. Fragaria vesca
2. Cichorium intybus
3. Ranunculus ficaria

Ein Beispiel soll noch verdeutlichen, wie nützlich es sein kann, ein wenig über die Verwandtschaftsverhältnisse unter Pflanzen zu wissen, woran man sie erkennen kann – und wie diese im System der wissenschaftlichen Namengebung berücksichtigt werden.

Abgesehen von den aufwendigen Untersuchungen der Inhaltsstoffe einer Pflanze verraten vor allem Blüten, Samenstände und Früchte bzw. Samen viel von der Zugehörigkeit einer *Pflanzenart* zu einer bestimmten *Gattung* oder *Familie*, während die Ähnlichkeit von Blattformen häufig täuscht:
So gehören zur wirtschaftlich wichtigen *Familie* der **Nachtschattengewächse** so unterschiedliche Pflanzen wie Kartoffel, Tomate, Aubergine, Paprika, Tabak, Tollkirsche, Bilsenkraut, Schwarzer und Bittersüßer Nachtschatten und viele andere. Allen gemeinsam ist – neben einzelnen (giftigen) Alkaloiden in mehr oder weniger großer Konzentration – eine ganz bestimmte Blütenform und Beeren- oder Kapselfrüchte. Die Blätter hingegen können sowohl ungeteilt (Tollkirsche) als auch gefiedert (Tomate) sein.

*Der Schwarze Nachtschatten, ein naher – und giftiger – Verwandter von Kartoffel und Tomate.*

Mit etwas Übung können Sie bei vielen Pflanzen bald erkennen, ob es sich um miteinander verwandte Arten handelt. Das wiederum hilft sehr, wenn Sie diese Pflanzen näher kennenlernen möchten.

Die in den *Nachtschattengewächsen* generell vorkommenden giftigen **Alkaloide** (vgl. Kapitel 3.2.3) sind in unseren Tomaten aufgrund einer entsprechenden Züchtung nicht mehr enthalten. Bei der Kartoffel ist allerdings nach wie vor darauf zu achten, dass keine sich grün verfärbende Knollen zum Verzehr kommen: Sie enthalten Alkaloide, die sich erst unter Lichteinwirkung bilden konnten.

### Rätselhaftes „Unterreich" der Pilze

Um Missverständnisse zu vermeiden, ist hier eine kleine Begriffsklärung sehr wichtig: Das, was wir meist als *Pilz* bezeichnen, ist nicht mehr als der *Fruchtkörper* eines sogenannten *Ständerpilzes*. Ständerpilze stellen eine zwar große, aber eben nur *eine Gruppe* der Pilze dar. Zu

## 3.2 Pflanzen und Pflanzenwachstum

diesem *Reich* zählen auch zahlreiche Organismen, die mit freiem Auge gar nicht zu sehen sind (*Niedere Pilze*), aber auch jene Pilze, die in einer ganz merkwürdigen Lebensgemeinschaft mit bestimmten Algen die *Doppelorganismen der Flechten* bilden.

Wurden früher die Pilze generell zu den Pflanzen gezählt, so werden sie heute mindestens als Lebewesen eines eigenen Unterreiches gesehen, für manche Biologen stellen sie sogar ein ganz eigenes Reich dar. Der Grund liegt darin, dass Pilze sich in ganz erheblicher Weise von den anderen Pflanzen unterscheiden: Sie besitzen kein **Chlorophyll** und sind daher auf andere Lebewesen angewiesen. Das heißt, dass sie entweder als Fäulnisbewohner von fertigen, organischen Substanzen in ihrer Umgebung leben (*Saprobionten*) oder andere lebende Organismen angreifen (*Parasiten*). Das Geflecht der **Hyphen** (fadenförmige Zellen), das sogenannte **Myzel**, mit denen *Höhere Pilze* etwa Wasser und Nährstoffe aufnehmen, darf nicht mit *Wurzeln* verwechselt werden: Das Myzel *ist* der Pilz. Der sichtbare Fruchtkörper entsteht nur gelegentlich und unter geeigneten Umständen.

*Der **Fliegenpilz**, einer unserer bekanntesten Ständerpilze, ist wunderschön und gleichzeitig stark giftig. Sein Haupterkennungsmerkmal, die weißen „Tupfen" auf dem Hut, ist übrigens nicht immer deutlich entwickelt.*

*Der **Zunderschwamm** ist ein parasitisch lebender Porling, der vor allem auf Buchen wächst. (vgl. Riesenporling, Kapitel 1, S. 7)*

*Der **Schopftintling** wächst gerne auf gut gedüngten Wiesen und an Waldrändern. Zurzeit der Sporenreife verfärbt er sich schwarz (daher auch der Name) und verwandelt sich zu einer matschigen Masse.*

Ein bei vielen Ständerpilzen wichtiges und gutes Unterscheidungsmerkmal besteht in der Farbe des Sporenpulvers, das aus den reifen Pilzhüten fällt: weiß, gelb, braun oder schwarz.

*Beispiel:*
*Das können Sie auch sehr gut mit Kindern ausprobieren, indem Sie einen Pilzhut über Nacht auf ein Stück Pappe legen: weißes Papier bei (vermutlich) dunklem Sporenpulver und schwarzes bei (vermutlich) hellem Sporenpulver. Heben die Kinder am nächsten Tag den Hut vorsichtig ab, so sollten die mittlerweile heraus gefallenen Sporen in einem hellen oder dunklen Muster deutlich zu sehen sein. Mit Sprühkleber lassen sich solche Sporenbilder gut fixieren.*

Pilze sind Organismen mit einer immens großen Vielfalt an Lebensweisen und Formen, die in vielen Fällen noch als weitgehend unerforscht gelten. Zwar ist ihre Bedeutung in der Lebensgemeinschaft mit Bäumen oder Sträuchern (*Symbiose*) unumstritten sehr groß, über Details dieser Wechselwirkungen gibt es aber immer noch viele offene Fragen.

Da Pilze auch für Kinder besonders interessant sind, sollte vor allem bei Ausflügen im Sommer und Herbst immer ein entsprechendes Bestimmungsbuch zur Hand sein, zum Beispiel der „Pilzführer" von Ewald Gerhardt (2007).

### Ein (botanisches) „Kartenspiel"

Eine Sammlung eigener Beobachtungen und Erfahrungen im Zusammenhang mit der Erkundung der Pflanzenwelt, vielleicht als eine Art Tagebuch oder eine kleine Sammlung selbst angefertigter „Erinnerungskarten" ist für die Arbeit mit Kindern besonders wertvoll: Notizen mit kleinen Skizzen und/oder Fotos zu bestimmten Pflanzen, aber auch anderen Fragen, die bei Naturerkundungen mit Kindern häufig auftauchen und ihr Interesse wecken.

*Fotos von Wiesenblumen auf Karton geklebt und mit Klarsichtfolie überzogen: Für jüngere Kinder ein hervorragendes Mittel, spielerisch Pflanzen kennenzulernen.*

Wenn Sie zu einem bestimmten Thema Fotos oder anschauliche Skizzen auf handlichen Kartonkarten anbringen – ggf. aus einem Buch oder einer anderen Vorlage übernommen –, bringt das eine Reihe verschiedener Vorteile:

- Statt eines oder mehrerer, meist eher umfangreicher Bücher steht Ihnen eine sehr kompakte, persönliche und entsprechend zutreffende Nachschlage- und Bestimmungsunterlage zur Verfügung.

- Dadurch, dass Sie Themen und Inhalte der Karten selbst ausgewählt, gezeichnet und geschrieben haben, haben Sie sich bereits sehr intensiv mit der Materie auseinandergesetzt und Hintergrundwissen erworben.

## 3.2 Pflanzen und Pflanzenwachstum

– Und nicht zuletzt steht Ihnen mit diesen Karten ein besonders für Kinder hervorragendes Anschauungsmaterial zur Verfügung, das auch in spielerischer Weise zum Vergleichen von Wirklichkeit und Abbildung auffordert - und den Weg freimacht zur Beschäftigung mit Bestimmungs- und anderen Sachbüchern.

Thematisch können sich solche Karten natürlich auf sehr unterschiedliche Gebiete beziehen – oder eine eigene Mischung daraus bilden: Wiesenblumen, Pilze, Wildfrüchte, Sumpfpflanzen, Spinnenarten, Gehäuseschnecken, Getreidearten, Knospen von Bäumen und Sträuchern, typische Wuchsformen von Bäumen, Borkenkäfer-Fraßbilder usw.

Ältere Kinder können auch eigene Pflanzenkarten zeichnen und malen. So können sich die Kinder während einer gemeinsamen Park- oder Walderkundung jeweils einen eigenen Baum aussuchen und von den Zweigen, Blättern oder Nadeln kleine Skizzen anfertigen.

Diese Skizzen werden dann mit dem Namen des Gehölzes und dem Namen des jeweiligen Kindes beschriftet und für alle teilnehmenden Kinder kopiert. Die Skizzen können als kleines Heft gebunden werden – ein Gemeinschaftswerk, das jedem einzelnen Kind gehört.

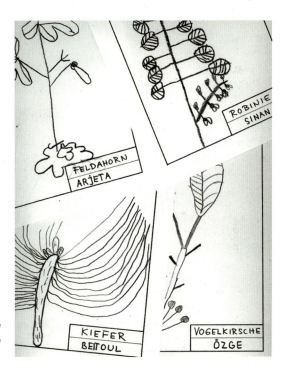

*Skizzen von Zweigen verschiedener Bäume im Park einer Stadt, gezeichnet von fünfjährigen Kindern, beschriftet von der Erzieherin.*

### 3.2.3 Achtung: Giftpflanze

Aus nahe liegenden Gründen spielen in der Natur- und Umweltpädagogik die **Giftpflanzen** eine besonders prominente Rolle. Selten zeigt sich so deutlich wie hier, dass vor allem Unwissenheit zu starken Verunsicherungen führen: Auch wenn bestimmte Risiken unbestreitbar sind, so ist die Angst vor Giftpflanzen bei vielen Menschen weit höher als das konkrete Vergiftungsrisiko.

**Aufgabe 3.6**
Prüfen Sie Ihr Wissen über Giftpflanzen, indem Sie – zunächst ohne fremde Hilfe – versuchen, die folgenden Fragen zu beantworten. Vergleichen Sie dann Ihre Angaben mit denen in Kapitel 6.
1. Warum ist es manchmal schwierig zu entscheiden, ob eine Pflanze als Giftpflanze anzusehen ist?
2. Warum stellen giftige Pflanzen wie Tulpen, Thujen oder Schwalbenwurz gerade für Kinder so gut wie keine Vergiftungsgefahr dar?
3. Worin liegt der Unterschied zwischen akuter und chronischer Vergiftung?

Vor allem dann, wenn man mit Kindern im freien Gelände unterwegs ist, sollte man die in diesem Gebiet wild wachsenden, besonders giftigen Pflanzen kennen. Es ist die beste Vorsichtsmaßnahme gegen das Risiko von Pflanzenvergiftungen, wenn Kinder diese Pflanzen am Wildstandort oder im Garten unmittelbar kennenlernen können.

 **Aufgabe 3.7**
Kennen Sie die Pflanzen, die in den beiden Abbildungen unten zu sehen sind?
Die Lösung finden Sie in Kapitel 6.

Im Allgemeinen werden bei Giftpflanzen drei Gruppen unterschieden:

- Giftige Pflanzen: Vergiftungsfälle wurden beobachtet bzw. beschrieben.

- Stark giftige Pflanzen: Aufgrund der giftige Inhaltsstoffe sind schwere Vergiftungen möglich.

- Sehr stark giftige Pflanzen: Bereits geringe Mengen können lebensgefährlich sein.

Bei Pflanzen der ersten beiden Kategorien ist durchaus abzuwägen, ob man sie auch in Gärten für Kinder akzeptieren kann. So ist beispielsweise die grüne Schale der Rosskastanie giftig, aber Kinder essen solche Schalen nicht, weshalb dieser Baum keine entsprechende Gefährdung darstellt.
Pflanzen der dritten Kategorie dürfen allerdings nach gesetzlichen Vorschriften auf Spielplätzen für Kinder auf keinen Fall gepflanzt werden. Spontan auftretende Sämlinge sind zu

## 3.2 Pflanzen und Pflanzenwachstum

entfernen. Nach der hier maßgeblichen internationalen Norm (DIN 18034) werden vier Pflanzen in diese Gruppe eingestuft: **Seidelbast**, **Pfaffenhütchen**, **Stechpalme** und **Goldregen**.

*Die **Tollkirsche** (Atropa belladonna) ist in vielen Wäldern zu finden. Die Giftigkeit ihrer Früchte – tiefdunkelviolette Beeren – sollte nicht unterschätzt werden.*

### Vorgehensweise bei Vergiftungen durch Pflanzen

Nur bei wenigen Pflanzen (z. B. Tollkirsche, Eisenhut, Seidelbast, Stechpalme) ist eine ernsthafte Gesundheitsgefährdung zu erwarten. In jedem Fall sollte aber versucht werden, folgende Fragen zu beantworten und einen Arzt hinzuzuziehen:

- Von welcher Pflanze hat das Kind gegessen? Welchen Teil der Pflanze und wie viel? (Am besten stellt man Teile der betreffenden Pflanze sicher.)
- Wie viel Zeit ist seit der Aufnahme vergangen?
- Hat bereits ein Erbrechen stattgefunden?
- Wie alt ist das Kind? (wichtig v. a. bei telefonischer Beratung)
- Bei Vergiftungssymptomen stets auch an andere Ursachen denken: Lebensmittel? Chemikalien?
- Falls kein Arzt erreichbar ist, sollte Erbrechen herbeigeführt werden oder Medizinalkohle verabreicht werden, um Giftstoffe im Körper zu binden. Die häufig aus Pflanzen hergestellte Medizinal-, Medizin- oder Aktivkohle besitzt eine hochporöse Struktur, in der Giftstoffe wie durch einen Schwamm festgehalten und damit zumindest zu einem großen Teil unwirksam gemacht werden.

Schwerwiegende Vergiftungen sind – mit Ausnahme von Pilzvergiftungen – nur bei einer sehr kleinen Gruppe von Pflanzen zu erwarten. Zudem zeigen einschlägige Statistiken toxikologischer Institute, dass Pflanzenvergiftungen eher selten sind und so gut wie nie schwer oder gar tödlich enden.

Nähere Informationen über Giftpflanzen und ihr Vorkommen sowie Pflanzengifte und ihre Wirkungen finden Sie insbesondere in vielen Büchern über Heilpflanzen und Arzneidrogen, denn Heilwirkung und Giftwirkung liegen häufig nahe beieinander. Viele sogenannte „Heilkräuter" werden bei Überdosierung zu „Giftpflanzen" (vgl. Alberts/Mullen, 2003; Kremer,

2003). Eine Liste wichtiger Giftpflanzen mit Detailinformationen zur Giftigkeit einzelner Pflanzenteile finden Sie beispielsweise auch in „Biologie und Gesundheitserziehung für die sozialpädagogische Ausbildung" (Nugel, 2002, S. 162).

*Der **Riesenbärenklau** (Heracleum mantegazzianum) ist eine Giftpflanze ganz eigener Art. Bereits die Berührung der Pflanze kann starke Hautschädigungen verursachen. Vor allem tagsüber sollte der Pflanzensaft niemals mit der Haut in Berührung kommen, da das Sonnenlicht bestimmte Giftstoffe der Pflanze aktiviert.*

Hinsichtlich des Risikos, dass bei einem Kind eine Pflanzenvergiftung eintritt, ist für Sie vor allem noch ein Aspekt von großer Bedeutung: Aufgrund des geringeren Körpergewichts eines Kindes ist grundsätzlich zu bedenken, dass bereits eine geringere Giftmenge zu einer Vergiftung führen kann.

Für die Kinder besonders lehrreich und spannend kann ein gemeinsamer Besuch eines „Giftpflanzengartens" sein.

### 3.2.4  Wildpflanze oder Kulturpflanze?

Die Unterschiede zwischen wild wachsenden und in Gärten kultivierten Pflanzen sind manchmal sehr deutlich. So zeigen viele Kulturpflanzen größere Blüten und Früchte, was auf teilweise Jahrhunderte lange Züchtungsarbeit des Menschen zurückzuführen ist. Diese Kulturformen werden auch als **Sorten**, die züchterisch nicht veränderten Formen als **Wildarten** bezeichnet. So gibt es etwa bei der Rose weltweit einige Hundert Wildarten, aber rund 30.000 Sorten, die sich in zahlreichen Aspekten voneinander unterscheiden.

In anderen Fällen sind die Unterschiede zwischen Wildarten und Kultursorten weniger auffällig. Von manchen Wildgehölzen mit essbaren Früchten wie beispielsweise Sanddorn und Vogelbeere (Eberesche) gibt es zwar im Handel Sorten mit eigenen Namen, aber deren Früchte sind teilweise nur wenig größer als die der Wildart – ein Zeichen, dass diese Pflanzen nur wenig „züchterisch bearbeitet" wurden.

Für Kinder besonders interessant können jene Wildpflanzen sein, die wir als „Eltern" heutiger Kultursorten ansehen. Alte Burganlagen, Mauern oder Ruinen sind vielfach als Zufluchtsorte für diese alten Kulturpflanzen anzusehen. Die Verwendung als Gemüse- und/ oder Heilpflanze ist bei vielen dieser Arten heute nicht mehr üblich und manchmal auch nicht ratsam, aber in jedem Fall ist es spannend, sich vorzustellen, dass es diese Pflanzen waren, die unsere Vorfahren als Gemüse oder Würzpflanzen genutzt haben. Zu ihnen gehören beispielsweise Guter Heinrich, Schwarznessel, Katzenminze, Gefleckter Schierling, Wilde Malve, Gartenkerbel, Römische Kamille, Goldlack, Schöllkraut, Rainfarn, Wermut, Weißer Gänsefuß, Pastinake, Schwarzwurzel, Kerbelrübe, Große Klette, Knoblauchsrauke, Beinwell, Königskerze, Flaschenkürbis, Senf und Kreuzkümmel.

Vielleicht finden Sie eine Gelegenheit, mit Kindern gezielt nach solchen Pflanzen zu suchen – mithilfe eines Pflanzenbestimmungsbuches und sowohl im Garten der eigenen Einrichtung als auch in der Umgebung der Kindertagesstätte.

*Der Gute Heinrich oder Dorf-Gänsefuß (Chenopodium bonus-henricus) wurde schon in der Jungsteinzeit vor etwa 7.000 Jahren als Gemüse- und Arzneipflanze genutzt. Heute wird diese Pflanze kaum noch beachtet oder schlicht als Unkraut angesehen.*

## 3.3 Tiere

Das Kennenlernen von und die Auseinandersetzung mit Tieren unterschiedlicher Art gehört ebenfalls wesentlich zur Natur- und Umweltpädagogik. Das hat verschiedene Gründe, und damit ergeben sich auch unterschiedliche Herangehensweisen.

*Aufgabe 3.8*
*Überlegen Sie sich, welche Erfahrungen Kinder mit Tieren machen können, und notieren Sie Ihre Antworten: Mit welchen Tieren können Kinder in Berührung kommen? Lassen sich diese Tiere in Gruppen zusammenfassen?*
*Antworten und Erklärungen finden Sie wieder in Kapitel 6.*

### 3.3.1 Kleine und kleinste Tiere überall

Im Vergleich zu Säugetieren ist die Haltung der Kinder gegenüber Vögeln, Fischen, Amphibien oder gar Insekten weit weniger von Sympathie geprägt. Fische und Vögel lassen sich nun mal nicht gerne streicheln. Kleinlebewesen wie Käfer, Schnecken oder gar Spinnen lösen vor allem bei vielen Erwachsenen Abwehrreaktionen aus – kein besonders gutes Vorbild, das Kinder nicht dazu ermutigt, sich mit diesen Tieren näher zu befassen. Andererseits sind Kleinlebewesen nahezu überall zu entdecken und Kinder können in vielen Fällen sehr rasch etwas über die Entwicklung und Lebensweise verschiedener Arten erfahren. Mehr noch: Gerade Kleinlebewesen erfordern – und fördern – das genaue Beobachten und Unterscheiden, denn beispielsweise **Käfer** und **Wanzen** zeigen je nach Art zahlreiche Form- und Farbunterschiede.

*Ein Pappelblattkäfer kurz vor dem Abflug: Seine äußeren Flügel sind schon aufgeklappt, und unmittelbar darauf fliegt er mit einem schwirrenden Geräusch weg.*

*Einen Ohrwurm tagsüber zu entdecken ist nicht ganz einfach, denn dieses Tier wird erst in der Dämmerung und nachts aktiv, wenn es Jagd auf Blattläuse und andere Kleintiere macht*

*Zwei Weinbergschnecken im Liebesspiel – Wer die Sache ganz verfolgen will, sollte sich viel Zeit nehmen.*

*Auch Schmetterlinge lassen sich für ihre Paarung Zeit – und sie lassen sich dabei auch nicht stören. Hier sind es zwei Baumweißlinge, die aufgrund der dunklen Adern auf ihren sonst reinweißen Flügeln unverwechselbar sind.*

**3.3 Tiere**

Besonders älteren Kindern wird zunehmend wichtig, möglichst viele verschiedene, *besondere* Tiere kennenzulernen und auch etwas über die Lebensweise dieser Tiere zu erfahren. Das betrifft nicht nur fremdländische Tiere wie bestimmte Raubkatzen, Greifvögel oder Wale, sondern auch Insekten, Bodentierchen und Kleintiere, die in unseren Gewässern leben. Dieses Interesse kann sehr weit reichend und ausdauernd sein und trägt entscheidend dazu bei, dass Kinder auch konkrete Kenntnisse über die heimische Tierwelt erwerben. Angesichts der Tatsache, dass in den Medien häufig exotische Tierarten in den Mittelpunkt des Interesses gerückt werden, erscheint es besonders wichtig, die Aufmerksamkeit der Kinder auf die bei uns lebenden Wildtiere einschließlich verschiedener Kleintiere zu lenken.

### 3.3.2 Beobachtungen von Wildtieren im Jahreslauf

In der Tierwelt spielen die jahreszeitlichen Veränderungen eine sehr wichtige Rolle. Verhaltensweisen wie der Wechsel von Aktivität (Nahrungssuche, Paarung, Fortpflanzung) und Ruhe (Kältestarre, Winterschlaf) werden auch wesentlich von meteorologischen Voraussetzungen bestimmt. Das zu wissen und zu verstehen ist auch eine wichtige Voraussetzung, wenn man bestimmte Wildtiere auffinden und beobachten möchte.

*Im Januar beginnen die Eichhörnchen, Material für den Bau ihres Nests (Kobel) zu sammeln. Im Bereich menschlicher Siedlungen sind die Tiere manchmal beinahe zutraulich. Wenn sie dann eine Decke finden, aus der sie Fäden ziehen können, machen sie davon gerne Gebrauch.*

Informationen und Bildmaterial über heimische Wildtiere wie **Eichhörnchen** und **Füchse** finden sich in zahlreichen Büchern, von Bilderbüchern für Kinder bis hin zu Sachbüchern. Der Einsatz solcher Bücher sollte aber möglichst mit persönlichen Erfahrungen verknüpft werden. Daher ist es sinnvoll, wenn Sie in ihrer Arbeit mit Kindern jene Tiere zum Thema machen, die in der jeweiligen Jahreszeit besonders gut zu beobachten sind.

Viele Wildtiere sind im Frühjahr und Sommer gut zu beobachten. Das trifft in besonderer Weise auf Amphibien oder Lurche zu: **Frösche** und Kröten, **Molche** und **Salamander**. Alle diese Tiere stehen heute unter Schutz, was Sie auch den Kindern erklären sollten. Der Grund für die Schutzmaßnahmen liegt in erster Linie auf dem teilweise starken Rückgang der Arten, wofür wiederum Landschaftsveränderungen und in manchen Fällen auch Umweltgifte verantwortlich sind. Dementsprechend kann das Vorkommen dieser Tiere als positives Signal für eine günstigere Umweltsituation gewertet werden.

Der **Feuersalamander** kommt zwar in beinahe ganz Mittel- und Südeuropa vor, aber ihn zu entdecken ist nicht gerade alltäglich: Einerseits bevorzugt er Feuchtigkeit und ist hauptsächlich bei Regenwetter aktiv, andererseits hält er sich überwiegend im Gestrüpp von dichtem Pflanzenwuchs an Gräben und Bachläufen, zwischen Baumwurzeln und unter Steinen auf. Eine generell möglichst naturbelassene Umgebung ist dabei eine wichtige Voraussetzung.

Er macht Jagd auf Würmer, Nacktschnecken und Käfer. Die Suche nach diesem Lurch lohnt sich aber nur im Sommer, etwa zwischen Mai und September, und ist für Kinder ein spannendes Unternehmen: Dieses Tier aufzuspüren gelingt nur mit großer Aufmerksamkeit, Vorsicht und Glück.

*Der Feuersalamander ist wunderschön und auffällig, aber man sollte ihn besser nicht anfassen: Seine Hautdrüsen scheiden ein giftiges Sekret aus.*

**A** *Aufgabe 3.9*
*Machen Sie eine kleine Liste, welche Tiererkundungen und -beobachtungen Ihnen in welchem Monat besonders sinnvoll erscheinen. Nutzen Sie dazu auch die bisher gemachten Angaben einschließlich der Texte zu den Bildern auf den vorangegangenen Seiten.*
*In Kapitel 6 finden Sie eine solche Zusammenstellung – zum Vergleich mit Ihren eigenen Überlegungen sowie vielleicht auch als Ergänzung.*

### Überwinterung von Wildtieren

Ein immer wiederkehrendes Thema für Kinder ist die Frage nach der **Überwinterung** von Wildtieren. Diese Frage ist für einen umweltpädagogischen Ansatz auch deshalb wichtig, weil es hier sowohl um Empathie also Einfühlungsvermögen in andere Lebewesen geht, als auch der Wunsch nach konkretem naturkundlichem Wissen deutlich wird.

Für die Beantwortung dieser Fragen sind einige Kenntnisse hilfreich, ohne die auch eine geduldige, eigene Beobachtung und Erkundung ziemlich schwierig wäre:

Wir unterscheiden zunächst zwischen **wechselwarmen** und **gleichwarmen** Tieren. Die Körpertemperatur wechselwarmer Tiere schwankt im Jahresverlauf zwischen 5 und 45 °C, gleichwarme Tiere halten ihre Körpertemperatur hingegen bis auf geringe Schwankungen ziemlich konstant. Daraus resultieren bestimmte Notwendigkeiten und Verhaltensweisen.

Wechselwarme Tiere wie Kriechtiere und Lurche suchen bereits im Herbst Höhlen oder geschützte Bodenmulden auf, wo sie sich nicht selten auch im Boden vergraben können. Manche Schnecken verschließen dabei ihr Gehäuse sogar mit einem Kalkdeckel. Diese Tiere überstehen die kalten Monate in einer **Kältestarre** bei extrem herabgesetztem Stoffwechsel.

Gleichwarme Tiere wie Säugetiere und Vögel sind auf andere Fähigkeiten angewiesen und zeigen eine größere Bandbreite an Reaktionsmöglichkeiten:

| dicker „**Winterpelz**" | Hirsch, Reh, Fuchs, Dachs, Wiesel, Schneehase |
|---|---|
| **Winterschlaf** in Höhlen und anderen geschützten Plätzen | Bilche (z. B. Siebenschläfer, Haselmaus), Murmeltier, Igel, Hamster, Feldmaus |
| **Winterruhe** (=leichte Form des Winterschlafs) | Dachs, Bär, Eichhorn |
| **Abwanderung** in wärmere Gebiete | Zugvögel |

Zudem legen viele Tiere, die keinen Winterschlaf oder höchstens Winterruhe halten, einen **Nahrungsvorrat** an. Besonders ausgeprägt ist das bei verschiedenen Mäusen, Eichelhäher, Eichhorn und Maulwurf (der viele Regenwürmer in seiner Höhle versteckt, da er mindestens alle zwölf Stunden etwas Nahrhaftes zu sich nehmen muss).

**Insekten** können je nach Art in unterschiedlichen Entwicklungsstadien durch die kalte Jahreszeit kommen. So können z. B. verschiedene Käfer-, Fliegen- und Mückenarten, einige Schmetterlinge wie Zitronenfalter und Tagpfauenauge sowie die Königinnen von Wespen- und Hummelvölkern als voll entwickeltes Insekt (Imago) überwintern, während Libellen und zahlreiche andere Käfer- und Schmetterlingsarten nur als Larve über den Winter kommen. Bei Heuschrecken und vielen weiteren Schmetterlingsarten können überhaupt nur Eier dem Frost Stand halten. Bei diesen Tieren entwickeln sich in jedem Frühjahr neue Populationen. Eine Besonderheit stellt die Überwinterung von staatenbildenden Insekten wie Ameisen und Honigbienen dar. Bei ihnen überwintert in entsprechend geschützten Bereichen jeweils das ganze Volk. Während den Honigbienen dabei der Imker durch eine entsprechende Bauweise der Bienenkästen helfen kann, wissen sich die Ameisen dadurch zu helfen, dass sie in tiefer im Boden oder Holz gelegene Nestteile wandern. Dort verhalten sie sich weitgehend inaktiv und können so den Winter überstehen.

### 3.3.3 Haustiere und Streicheltiere

Kinder lieben Tiere und suchen gerne ihre Nähe. Damit sind natürlich vor allem Tiere gemeint, die man anfassen und streicheln kann – oder wenigstens möchte. Die Neugier auf bestimmte Verhaltensweisen und Reaktionen, spontane Sympathie und Mitgefühl sind weit häufiger als Distanziertheit, Furcht oder gar Abneigung.

Häufig steckt hinter der Zuneigung gegenüber Haustieren wie Katze, Hund, Hamster oder Meerschweinchen der Wunsch nach Hautkontakt und Zärtlichkeit – ein Beziehungswunsch. Ein konkretes Interesse am Tier als ganz eigenes Wesen ist – jedenfalls bei jüngeren Kindern – meist nachrangig, weshalb zum Beispiel Fische oder Schildkröten für Kinder weit weniger attraktiv sind. Solche Tiere kann (muss) man höchstens beobachten und versorgen.

In der Regel gehen alle Kinder auf Tiere zunächst ziemlich angstfrei zu und wollen mit ihnen spielen. „Offenbar sind sich Kinder (noch) nicht des Unterschiedes von Mensch und Tier klar bewusst und können zu Tieren Beziehungen wie zu Menschen knüpfen" (Gebhard, 2001, S. 124).

*Meerschweinchen gelten zwar wegen ihrer Krankheitsanfälligkeit als etwas problematische Haustiere und sollten nur in geeigneten Stallungen gehalten werden, aber auf Kinder wirken diese zutraulichen Tiere stets sehr anziehend und beruhigend*

Verstärkt werden diese Annäherungen auch durch Märchen und Erzählungen, Tierfabeln, Filme und Comics, besonders aber durch eigene Haustiere. Und umgekehrt lässt sich häufig beobachten, dass sich Tiere von Kindern mehr gefallen lassen als von Erwachsenen.

Eine sehr gute Möglichkeit, Kindern den (direkten) Kontakt mit verschiedenen **Haustieren** zu ermöglichen, sind Besuche eines Bauernhofs. Dabei stellen sich gerade dann, wenn die Kinder *hautnah* mit Tieren in Berührung kommen sollen, auch Fragen der **Hygiene**. In der Regel kann allerdings bei professioneller Haltung der Tiere davon ausgegangen werden, dass die Gefahr der Krankheitsübertragung vom Tier auf den Menschen sehr gering ist.

Im Gegensatz zu diesen Überlegungen ist es für einen Landwirt heute nicht mehr selbstverständlich (und auch nicht immer einfach), eine Kindergruppe durch seinen Betrieb zu führen. Abgesehen davon dürfen aus Gründen einschlägiger Hygienevorschriften beispielsweise bestimmte Ställe von Fremden nicht betreten werden. Mittlerweile sind viele Bauernhöfe so spezialisiert, dass die Tierhaltung auf eine oder ganz wenige Arten eingeschränkt ist. Will man Kindern den Kontakt zu möglichst verschiedenen **Nutztieren** ermöglichen, ist es daher sinnvoll, sich in erster Linie unter den biologisch wirtschaftenden Betrieben umzuschauen, denn vor allem solche Betriebe sehen die Aufrechterhaltung einer gewissen Vielfalt sowohl im Pflanzenbau wie in der Tierhaltung als prinzipiell wichtig und erstrebenswert an. Es ist also wichtig, sich im Vorfeld eines Bauernhofbesuches genau zu informieren. Landwirtschaftsämter, Verbände des Bio-Landbaus, aber auch Naturschutzverbände können Ihnen Adressen vermitteln und entsprechende Hilfestellung geben.

### Tiere als Träger menschlicher Eigenschaften

Tiere haben auch eine hohe symbolische Bedeutung, die in vielen Aspekten unserer Kultur zum Ausdruck kommt. Die Zuschreibung von Eigenschaften, wie wir sie in unserer Alltagssprache und in Sprichwörtern finden (z.B. „flink wie ein Wiesel" oder „schlauer Fuchs"), schafft und erleichtert Identifikations- und Selbstfindungsprozesse. Diese Symbolwelt steht in enger Beziehung zum **Anthropomorphismus** – von Jean Piaget als „animistisches Denken" bezeichnet – und umfasst nicht nur die Welt der Tiere, sondern auch Steine, Pflanzen oder Naturereignisse. Es handelt sich sicherlich nicht um eine bewusste Überzeugung, sondern eher um eine innere Ausrichtung (vgl. Kapitel 1.2).

### 3.3 Tiere

> *Aufgabe 3.10*
> *Kennen Sie „Anthropomorphismen" über Tiere, also Redewendungen, in denen Tieren eine menschliche Eigenschaft zugesprochen wird oder Tiere mit bestimmten menschlichen Verhaltensweisen verglichen werden?*
> *Einige Beispiele finden Sie in Kapitel 6.*

## 3.3.4 Achtung: Zecke & Co

Es fällt immer wieder auf, dass Kinder in den ersten Lebensjahren auf die typischen Angst- oder Ekeltiere wie Maus, Spinne oder Kröte nur sehr selten Abwehr- oder Panikreaktionen zeigen. Meist überwiegt die Neugier und die Kinder greifen nach diesen Tieren oder wollen sie fangen. Es gibt aber auch deutliche Hinweise auf eine angeborene Disposition für **Angst** vor bestimmten Tieren – vermutlich ein Schutzmechanismus, der sich erst im Lauf der ersten Lebensjahre voll ausbildet. Kinder bis zum dritten Lebensjahr reagieren nämlich auch auf Schlangen und Spinnen, Würmer und Ratten meist noch angstfrei. Und alle späteren Verhaltensweisen und Reaktionen eines Menschen auf solche Tiere sind offenkundig stark von kulturellen Erfahrungen wie Verhalten anderer Menschen und Erziehung geprägt.

### Spinnen

**Spinnen** gelten vielen Menschen als gefährlich, obwohl von den mitteleuropäischen Arten für den Menschen keinerlei Gefahr ausgeht. Im Gegenteil: Spinnen verstecken sich meist rasch, wenn wir ihnen zu nahe kommen, und nur wenige Arten sind überhaupt in der Lage, in unsere Haut zu beißen. Solche Spinnenbisse sind dann aber oft unangenehm, weil sie manchmal tagelang jucken.

**Definition**
*Arachnophobie = Angst vor Spinnen. Ergebnisse jüngster Untersuchungen scheinen zu erhärten, dass diese Angst im Erbgut des Menschen tief verankert ist, möglicherweise als Relikt einer Zeit, in der Menschen über Generationen hinweg häufig in Höhlen wärmerer Länder lebten. Es scheint aber ebenso zu sein, dass Erziehung und Bildung gerade in der frühen Kindheit hilft, diese „Urangst" entscheidend zu verringern.*

Zur Beute von Spinnen gehören Fliegen, Mücken und viele andere Insekten. Es kann aber auch ganz anders kommen: Hier wird eine große grüne Spinne von einer Grabwespe attackiert, wobei das Insekt der Spinne deutlich überlegen ist.

## Zecken

Zu den Tieren, vor denen sich viele Menschen fürchten, gehören die **Zecken**, die zur großen Gruppe der Milben gezählt werden. Es sind kleine und kleinste Spinnentiere – mit freiem Auge kaum sichtbar – von denen besonders eine Art, der sogenannte **Holzbock**, für den Menschen gefährlich werden kann.

Diese Zeckenart ist weit verbreitet und lebt in Wäldern und an Waldrändern, in Wiesen und in innerstädtischen Grünanlagen. Hauptsächlich sind die Tiere im Frühjahr und Herbst aktiv, weniger im (heißen) Sommer: Sie bevorzugen nämlich eine höhere Luftfeuchtigkeit (um 80% und höher) sowie eher milde Temperaturen (10 bis 15°C).

Als Spinnentiere haben sie acht Beine, die sich mit einer Lupe gut erkennen lassen.

Ihr etwa dreijähriger Lebenszyklus umfasst drei „Wirte": Die erste Blutmahlzeit erhält die aus dem Ei geschlüpfte Larve; diese entwickelt sich daraufhin weiter zur Nymphe, die einen zweiten Wirt benötigt, um die Entwicklung zur männlichen oder weiblichen Zecke vollenden zu können. Nach einer Begattung stirbt das männliche Tier, während das weibliche Tier nach einer dritten Blutmahlzeit etwa 2000 Eier ablegt und dann stirbt. Wirtstiere sind Mäuse, Igel, Füchse und zahlreiche andere Lebewesen des Waldes. Zecken können auch einige Jahre ohne Blutmahlzeit überleben (z. B. im Waldboden).

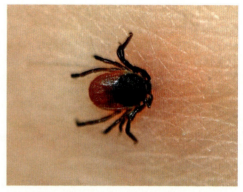

*Die Körpergröße eines Holzbocks beträgt normalerweise nur wenige Millimeter. Nach der dritten Blutmahlzeit kann ein vollgesogenes Weibchen allerdings über einen Zentimeter groß sein.*

Die Infektion des Menschen erfolgt wie bei anderen Warmblütern über einen Biss, wobei die Tiere die Körperwärme über ein spezielles Sinnesorgan (Haller'sches Organ) orten können. Dann suchen sie auf der Körperoberfläche oft mehrere Stunden, bis sie eine geeignete Stelle zum Festbeißen gefunden haben. Die Suchwanderung endet beim Menschen oft an besonders warmen Körperstellen wie an der Innenseite des Oberschenkels, in Arm- oder Achselbeugen, aber auch hinter den Ohren und im Haar. Der Biss selbst ist schmerzfrei, weshalb man erst später durch einen Juckreiz auf das Tier aufmerksam wird.

Zecken können Viren der **Frühsommerenzephalitis** (FSME) und Bakterien übertragen, die **Borreliose** (Lyme-Krankheit) auslösen. Infektionsgebiete sind nur durch bekannt gewordene Infektionsfälle zu bestimmen, nur ein Bruchteil der Zecken gilt als infektiös.

- Das FSME-Erkrankungsrisiko wird in den Veröffentlichungen der Pharmaindustrie naturgemäß meist relativ drastisch dargestellt. Bereits vereinzelt auftretende Infektionen führen zur Ausweisung ganzer „Infektionsgebiete". Eine Erkrankung tritt selten deutlich auf. Am häufigsten ist eine Art leichte Sommergrippe, nach der man lebenslang immun bleibt. Die schwere Form führt zu Entzündungen der Hirnhaut oder des Rückenmarks. Der heute verfügbare Impfstoff gilt als gut verträglich und kann auch Kindern verabreicht werden.

- Im Fall einer Borrelieninfektion zeigt sich 1 bis 16 Wochen nach dem Zeckenbiss eine kreisförmige Rötung (Entzündung), die sich zunehmend nach außen ausbreitet. Gegen diese Bakterien kann nicht geimpft werden. Die Borreliose ist sofort nach Beginn der Erkrankung ärztlich zu behandeln.

# 3.3 Tiere

Erwachsene sollten Kinder wie sich selbst nach entsprechenden Aufenthalten im Gelände regelmäßig und gründlich auf Zecken absuchen. Vorhandene Zecken am besten mit einer sogenannten Zeckenzange oder einer Pinzette entfernen: Die Zecke vorsichtig und umfassend packen und langsam mit kontinuierlichem Zug herausziehen. Falls der Kopf abreißt und stecken bleibt, diesen vom Arzt entfernen lassen. Die Stelle sofort desinfizieren, da eine Entzündungsgefahr.

Eine frühzeitige Entdeckung und Entfernung einer Zecke verhindert meist eine Übertragung von Borrelien, denn diese Bakterien werden von der Zecke erst gegen Ende des Saugaktes hervorgewürgt und in das Blut des Wirtes abgegeben.

## Bienen, Wespen, Hornissen

„Staaten bildende Insekten" wie Bienen, Hummeln, Wespen oder Hornissen sind Tiere, denen man aus guten Gründen mit einer gewissen Vorsicht begegnen sollte: Einerseits kommt es gelegentlich durchaus vor, dass man überraschend auf ein Wespen- oder Wildbienennest stößt, andererseits befinden sich in einer (Kinder-) Gruppe immer wieder Einzelne, die auf Stiche solcher Insekten allergisch reagieren.

Sie sollten aber auch wissen – und den Kindern deutlich machen – dass diese Tiere im Grunde nur dann bedrohlich werden, wenn sie aufgeschreckt, gestört oder durch rasche, hektische Bewegungen gereizt werden. Es ist daher sehr wichtig, Kindern hier die entsprechende Verhaltensweise zu vermitteln.

Im schlimmsten Fall kann es vorkommen, dass der Stich einer Biene, Wespe oder Hornisse einen **anaphylaktischen Schock** auslöst. Dieser kann lebensbedrohlich sein. Daher sollte man möglichst wissen, welche Personen davon betroffen sein können bzw. auf solche Stiche in der Vergangenheit bereits allergisch reagiert haben.

### Definition
*Anaphylaktischer Schock (umgangssprachlich: Allergischer Schock) = starke, durch **Allergene** ausgelöste Reaktion des Organismus, die zu einem Versagen des Herz-Kreislauf-Systems führen kann und sofortige medizinische Versorgung erfordert. Insbesondere der starke Blutdruckabfall führt zu einer Verringerung der Durchblutung lebenswichtiger Organe. Erste Hilfe: **Schocklage** des Betroffenen und ggf. Adrenalinspray zur Verbesserung der Atmung. Bekannte Auslöser sind: Insektenstiche, Nahrungsmittel und Medikamente.*

### Aufgabe 3.11
*Insbesondere Bienen sollten nicht bloß unter dem Risiko gesehen werden, von ihnen gestochen zu werden. Diese Insekten zählen für uns Menschen zu den wichtigsten Tieren – warum?*
*Vergleichen Sie Ihre Antwort mit den Angaben in Kapitel 6.*

*Da die Biene mit den Hinterbeinen immer wieder über ihren Körper streicht, um Pollen abzustreifen, die dort hängen geblieben sind, sammeln sich dort die Blütenpollen in dicken Klumpen („Höschen"). Hier sind die Höschen leuchtend orangefarben.*

Beim Besuch eines Imkers können Kinder genau sehen, wie die Waben der Honigbiene aussehen und wie Honig gewonnen werden kann.

## Fuchsbandwurm und Tollwut

Tiere, von denen ein eher schwer einschätzbares Gesundheitsrisiko ausgeht, und die zudem eine unscheinbare, versteckte Lebensweise haben, lösen bei vielen Menschen besonders leicht Angstreaktionen aus. Zu diesen Tieren gehört auch der **Fuchsbandwurm**, ein winziger, wenige Millimeter großer Organismus, der sich vor allem im Darm von Füchsen, Hunden und seltener auch Katzen und Mäusen festsetzt, sich im Körper seines Wirts vermehrt und dann besonders über den Kot verbreitet wird.

Die Infektion des Menschen kann zum einen durch Kontakt mit Tieren erfolgen, in deren Fell Bandwurmeier hängen können, aber auch über Wildfrüchte und Pilze sowie über die Atemluft (sehr kleine, leichte Eier). Problematisch ist die sehr lange Zeitdauer, die zwischen der Infektion und dem Auftreten der ersten Krankheitssymptome oder Ausbruch der Krankheit vergeht (Inkubationszeit). Dadurch wird die Diagnose einer entsprechenden Erkrankung sehr erschwert. Allerdings kann davon ausgegangen werden, dass ein Großteil der aufgenommenen Eier durch die menschliche Magensäure zerstört wird.

Generell gilt das Erkrankungsrisiko als noch weit gehend ungeklärt, es wird aber von ärztlicher Seite als sehr gering angenommen.

Dennoch erscheinen insbesondere für die Arbeit mit Kindern einige Vorsichtsmaßnahmen empfehlenswert:

- Waldfrüchte (Beeren, Pilze) gründlich waschen oder kochen und
- vor einer Mahlzeit im Wald Hände gründlich waschen.

Ein generelles Verbot, Waldfrüchte zu essen, wäre aufgrund der heute bekannten Daten als übertrieben anzusehen.

*Die Darstellung zeigt, wie stark der Fuchs aufgrund seiner Lebensweise und Nahrungsbeziehungen mit anderen Organismen vernetzt ist.*

Ein entscheidender Grund für die Zunahme eines Infektionsrisikos hängt mit einer anderen schweren Erkrankung und ihrer Bekämpfung eng zusammen, der Tollwut. Diese Krankheit, von der früher vor allem der Fuchs betroffen war, wurde durch Schutzimpfungen stark zurück gedrängt, weshalb die Anzahl der Füchse wieder stark zugenommen hat.

 *Definition*
*Tollwut = durch Viren ausgelöste Infektionserkrankung, meist Hirnhautentzündung (Encephalitis), die beim Menschen ohne Behandlung tödlich verläuft. Übertragung meist durch Biss eines tollwütigen Tieres mit anschließender Verbreitung der Viren im Inneren der Nervenfasern bis hin zum Zentralnervensystem (Gehirn). Vorbeugende Impfung möglich, eine **Nachimpfung** nach einer Infektion muss sehr rasch erfolgen. In Deutschland gilt der Fuchs mit drei Viertel aller Tollwutinfektionen immer noch als Haupterreger, wobei die Zahlen aufgrund der*

*Impfungen der Füchse durch Impfköder mittlerweile stark zurückgegangen sind. Übertragung auch durch zahlreiche andere Tiere möglich, z. B. Hund, Katze, Dachs oder Waschbär.*

Auch wenn die Tollwut für uns Menschen heute längst keine so große Gefahr mehr darstellt wie in früheren Zeiten, sollte das betreffende Risiko nicht verharmlost werden. Als Faustregel gilt jedenfalls: Sich auffällig verhaltende Wildtiere (zutraulich, besonders aggressiv oder auch besonders lethargisch) sind zu meiden.

*Aufgabe 3.12*
*Abgesehen von konkreten Vorsichtsmaßnahmen wie das Erlernen und Einhalten bestimmter Hygieneregeln stellt sich in der Praxis immer wieder die Frage nach dem Umgang mit Angst- und Ekelreaktionen auf bestimmte Tiere.*
*Wie sollte man – aus pädagogischer Sicht – mit solchen Reaktionen umgehen?*
*Notieren Sie in Stichpunkten Ihre Überlegungen, bevor Sie sie mit den Angaben in Kapitel 6 vergleichen.*

## 3.4 Lebensräume – Biotope

Der Begriff „**Biotop**" wird häufig missverstanden. Im allgemeinen Sprachgebrauch wird darunter meist nur ein Tümpel, ein kleiner Teich oder ein sumpfiger Bereich verstanden. Tatsächlich meint dieser Begriff aber viel mehr. Er steht als allgemeine Bezeichnung für *jeden* Lebensraum, in dem jeweils bestimmte Pflanzen und Tiere vorkommen (vgl. Kapitel 3.1, S. 62, Arbeitsbereiche der Ökologie).

*Definition*
*Biotop = Lebensraum einer bestimmten Gemeinschaft von Pflanzen und Tieren. Ein Biotop wird durch Faktoren wie Klima, Boden, Nahrungsangebot definiert und ist dabei von der Umgebung mehr oder weniger deutlich abgegrenzt. Beispiele: Magerrasen, Hochmoor, Höhle, Trockenmauer, Hecke, Buchenwald, Waldtümpel oder Flussufer.*

*Aufgabe 3.13*
*Es gibt keine feste Regel, wie Biotope im Einzelnen benannt werden. Daher findet man in Büchern häufig unterschiedliche Benennungen. Die Bezeichnung eines Biotops sollte aber etwas über das Typische des betreffenden Lebensraums verraten.*
*1. Welche Biotope bzw. Bezeichnungen für bestimmte Biotope sind Ihnen bekannt?*
*2. Welche Biotope können Sie im Außengelände Ihrer Einrichtung unterscheiden?*

*Ein „Lohwald" ist ein ganz besonderes und nur wenig verbreitetes Waldbiotop: Hier wächst auf einem feuchten und humusreichen Boden unter meist locker stehenden Laubbäumen wie Eichen, Eschen und Ahornen ein dichter Bestand an krautigen Pflanzen: Bingelkraut, Schlüsselblumen, Veilchen, Ahornstab, bestimmte Orchideen und viele andere mehr.*

Ausflüge und kleinere Exkursionen bieten Ihnen eine hervorragende Gelegenheit, mit Kindern ganz unterschiedliche Biotope zu erkunden. Der Begriff „Biotop" hilft Kinder dabei, die unterschiedlichen Besonderheiten eines Lebensraums zu erkennen und zu benennen – eine gute Grundlage für jede weitere Beschäftigung mit bestimmten Pflanzen und Tieren.

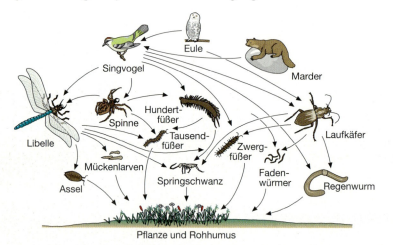

*Zwischen den Kleinlebewesen herrschen komplizierte Jäger-Beute-Beziehungen. Das Schema eines „Nahrungsnetzes" kann das ein wenig verdeutlichen.*

## 3.4.1 Beispiel Waldrand

Waldränder gehören wie andere „Grenzland-Biotope" zu den artenreicheren Biotopen, weil sich hier Organismen zweier unterschiedlicher Lebensräume begegnen und aufhalten. Je nach Klimazone, Gelände und Art des Nachbarareals treffen hier Waldbewohner auf die Bewohner einer Wiese, eines Ackers, eines Tümpels oder Sees

Auch eine Lichtung in einem Wald oder Forst hat manchmal Ähnlichkeiten mit einem Waldrandbiotop. Darüber hinaus stellt dieser Bereich einen oft vielfältig strukturierten und veränderlichen Lebensraum dar, erst recht, wenn es sich um ein steiles Gelände handelt, in dem Gestein abbröckelt, Erdreich ins Rutschen kommt und immer wieder Platz für Jungpflanzen entsteht.

*Hügelnest eines Waldameisenvolkes*

## 3.4 Lebensräume – Biotope

Sonnige und eher trockene Waldränder bieten besonders auch der Roten Waldameise günstige Plätze für den Bau ihrer großen Hügelnester. Diese Ameisenart ist bei uns geschützt – zu Recht: Ein Volk, das 100.000 Tiere und mehr umfassen kann, erlegt jeden Tag etwa gleich viele Beutetiere, darunter viele, deren Massenvermehrung in Wäldern großen Schaden verursachen kann.

> *Aufgabe 3.14*
> *Welches Biotop wird auch als „doppelter Waldrand" bezeichnet? Wissen Sie auch warum?*

Ein von Fichten beherrschter Kulturwald (**Fichtenforst**), in dem andere Baumarten nur vereinzelt zu finden sind, stellt einen ziemlich artenarmen Lebensraum dar: In der Nadelstreu des Bodens wachsen nur an lichteren Stellen vereinzelt Heidelbeersträucher, Moose und einige Farne, ansonsten bleibt der Boden meist kahl, weil andere Pflanzen zu wenig Licht erhalten. Die langsam verrottenden Fichtennadeln führen zudem zu einer oft starken Versauerung des Bodens, was nur wenige Kräuter und Stauden tolerieren.

*Im Inneren ist ein Fichtenforst meist ziemlich dunkel, vor allem bei einem jüngeren und noch dichten Baumbestand.*

### 3.4.2 Beispiel Tümpel

Gewässerbiotope aller Art faszinieren Kinder am meisten. Abgesehen davon, dass **Wasser** ein wunderbares Element ist, mit dem sich Spiele und Experimente aller Art machen lassen (vgl. Kapitel 4.1), entdecken Kinder schon in Kleingewässern wie Pfützen, Minisümpfen, kleinen Bächen und Teichen zahlreiche interessante Kleinlebewesen: Schnecken, Würmer, Insekten, Amphibien (Frösche, Kröten, Molche) und manchmal sogar kleine Fische.

Als Tümpel, Teiche und Seen werden üblicherweise solche Gewässer bezeichnet, die niemals völlig austrocknen, auch wenn der Wasserstand etwas schwanken kann. Typisch für viele **Tümpel** ist ein schlammiger Uferbereich, da es sich um meist flache Gewässer handelt, deren Oberfläche sich nach starken Regenfällen rasch vergrößert, in Zeiten anhaltender Trockenheit aber ebenso schnell wieder schrumpft. Das Ergebnis sind oft mehr oder weniger breite, sandig-matschige Uferstreifen. Wenn der Wasserstand häufig stärker schwankt, zeigt sich im Uferbereich ein mehr oder weniger breiter Schlamm- oder Kiesstreifen, der meist frei von Pflanzen ist, da nur wenige „Spezialisten" mit den häufigen Überschwemmungen zurecht kommen. Wichtig sind solche Plätze für bestimmte Vögel wie Enten, Gänse oder die Bachstelze, die hier Futter suchen oder einfach Rast halten. Auch Wärme liebende Insekten wie Bienen und Schmetterlinge auf der Suche nach Wasser kommen gerne an diese Uferstellen.

Dass auch Menschen solche Biotope lieben, erkennt man an Spuren eines Lagerfeuers und leider auch an bestimmten Abfällen wie leeren Flaschen oder Glasscherben, Plastiktüten und Dosen.

Aus kleinen Holzsteigen, Kartons und stabilen, durchsichtigen Plastiktüten können Kinder sich auch im Gelände ein Miniaquarium bauen – ein einfaches Gefäß, um verschiedene gefangene Wassertiere auch über mehrere Stunden beherbergen zu können. Die Materialien kosten so gut wie nichts, und der Bau eines solchen Miniaquariums macht Spaß und fördert die handwerkliche Geschicklichkeit.

Zur Erkundung der Lebewesen von Tümpeln und Bächen stellen Sie den Kindern am besten kleine Handkescher und einige Gefäße wie Eimer oder Dosen zur Verfügung – zum Einfangen und Beobachten der Wassertiere, die später natürlich wieder ins Wasser zurück gesetzt werden.

**A** *Aufgabe 3.15*
*Was ist beim Keschern von Wassertieren zu beachten? Welche Regeln sollten die Kinder kennen und beachten?*
*Notieren Sie, was Ihnen dazu wichtig und notwendig erscheint, bevor Sie Ihr „Regelwerk" mit den Angaben in Kapitel 6 vergleichen.*

Anders ist die Situation bei **Pfützen** und Rinnsalen, die nur eine geringe Wassertiefe aufweisen und immer wieder austrocknen. Die relativ geringe Wassermenge bewirkt auch große Temperaturschwankungen und verhindert die Entwicklung und Ausbreitung echter Wasserpflanzen. Höchstens bestimmte Sumpfpflanzen wie Riedgräser, Schneide (ein besonders scharfkantiges Gras), Sumpfdotterblume oder Vergissmeinnicht können sich an solchen Standorten halten.

Für die Tierwelt sind solche Biotope aber oft besonders wichtig: Die Tatsache, dass sich das Wasser eines (kleinen) Tümpels im Frühjahr rasch erwärmen kann, macht solche Gewässer zu guten Laichgebieten für Frösche und Kröten, aber auch Wasserläufer, Libellen und manche Wasserkäfer brauchen solche Lebensräume. Sonnig und ruhig gelegene Tümpel werden zudem gerne von **Eidechsen** besucht.

## 3.4.3 Beispiele „Biotoparche" und kleine Terrarien

Um bestimmte Kleinlebewesen besser beobachten und kennenlernen zu können, ist es oft sehr sinnvoll, diese Tiere für eine gewisse Zeit in geeigneten Behältnissen zu halten. Dabei sollten Sie natürlich die Lebensansprüche dieser Kleintiere kennen und beachten, was allerdings nicht besonders schwierig ist, wenn die Haltung nur wenige Tage umfasst und die Tiere anschließend wieder ins Freie gebracht werden. Ein wenig aufwendiger wird es dort, wo Sie mit den Kindern solche Tiere züchten oder eine längere Entwicklung, z. B. die vom Ei eines Schmetterlings bis zum fertigen Schmetterling, beobachten wollen.

### Biotoparche

Bei einer **Biotoparche** („Insektenhotel") handelt es sich um ein kleines Bauwerk, das auf eng begrenztem Raum verschiedene Kleinlebewesen beherbergen und ihnen Zuflucht und Nahrungsquellen bieten kann. Die Konstruktion kann sehr unterschiedlich sein. Es ist sogar wünschenswert, dabei auch mit der Wirkung besonderer Formen und Strukturen zu spielen: Eine Biotoparche kann auch ein attraktiver Blickfang sein.

Materialien, die für den Bau einer „Biotoparche" infrage kommen, wobei der ökologische Wert mit der Verwendung möglichst vieler verschiedenartiger (Natur-) Materialien steigt:

- Kanthölzer, Dachlatten oder Bretter als „Konstruktionshölzer", aus denen ein stabiler Rahmen gefertigt werden kann

- Pflastersteine, am besten verschiedene Arten und Größen

- Größere, rundliche Flusskiesel (Findlingssteine)

- Grober Kies („Wandkies")

- Sand, eventuell sogar verschiedene Sande

- Lehm und/oder sandiger Ton

*Eine „Biotoparche" im Garten einer Kindertagesstätte: ein interessanter Platz zum Entdecken, Kennenlernen und Beobachten unterschiedlicher Kleinlebewesen*

- Ziegel in unterschiedlichen Formen und Größen, auch Dachziegel
- Stücke von Baumstämmen, Baumscheiben (teilweise mit Bohrlöchern versehen)
- Ein oder mehrere Wurzelstöcke (z. B. Wurzelteller einer entwurzelten Fichte)
- Rundhölzer und Baumpfähle (keinesfalls imprägniert!)
- Rohre aus Metall, Beton, Kunststoff (auch hier in verschiedenen Größen)
- eventuell eine kleine Vogeltränke (z. B. kleine Wanne, Reste einer Teichfolie)
- Zement und Betonkies (falls ein entsprechendes Mauerwerk möglich/erwünscht ist)

Was die Grundkonstruktion betrifft, so können die einzelnen Materialien gut eingebaut werden, wenn dafür ein stabiler Rahmen zur Verfügung steht. Selbstverständlich ist das keineswegs unbedingt erforderlich. Bereits eine lose Ansammlung der ausgewählten Materialien kann ihren Zweck sehr gut erfüllen, nimmt dann aber meist mehr Platz in Anspruch.
Beim Bau einer **Biotoparche** können auch Kinder gut mithelfen. Umso interessierter werden sie verfolgen, welche Tiere sich dort später nach und nach ansiedeln.
Den Wert einer „Biotoparche" entdecken insbesondere Spinnen sehr rasch. Geschickt bauen sie ihre Netze im Bereich der Einflugschneisen" der Insekten. Wachsen in der Nähe der „Biotoparche" Blütenpflanzen, nimmt die Anzahl der Insekten rasch zu. Vor allem die Blüten besuchenden Schwebfliegen nehmen das Angebot von Brutröhren (Schilfhalme und Bohrlöcher in Holzscheiben) in der Nähe ihrer Futterpflanzen gerne an.

### Kleine Terrarien

Eine andere künstliche, aber kleinere Form für die gezielte Beobachtung von Kleintieren sind verschiedene Formen von **Terrarien**, kleine Behausungen, die sich meist speziell für eine bestimmte Gruppe von Tieren eignen.

Ein **Regenwurmkasten** lässt sich auch mit Kindern sehr leicht selbst bauen. Ein Modell, das sich gut bewährt hat, besteht aus zwei Plexiglasscheiben, die auf einen U-förmigen Holzrahmen geschraubt werden, sodass man ein schmales, hohes Gefäß erhält.
In den Zwischenraum füllt die Kinder nun im Wechsel verschiedene Materialien wie Erde, Sand, Kompost, kleine Steinchen, Blätter oder Fichtennadeln, wobei es wichtig ist, dass Sand- und Kiesschichten nur als schmale Bänder angelegt werden: Würmer durchqueren keine Sand- oder Kieswüsten. Zuletzt wird das Material befeuchtet (Vorsicht: Nicht zuviel wässern!) und auf die oberste Schicht einige Regenwürmer gesetzt. Man kann noch einige Apfelschalen und ähnliche Leckereien dazugeben, bevor der Kasten mit einer Decke lichtdicht abgedeckt und beiseite gestellt wird.

*Der Regenwurmkasten (Lumbricarium) ist eine Sonderform eines Terrariums, das sich besonders gut für die Beobachtung von Würmern eignet.*

## 3.4 Lebensräume – Biotope

Am nächsten Tag, manchmal schon nach wenigen Stunden, kann man beobachten, wie die Würmer sich in die Tiefe graben. Wenn die Bedingungen günstig sind, kann dieses Experiment über viele Tage verfolgt werden, wobei der Kasten zwischen den Beobachtungen immer gut abgedeckt sein sollte.
Nach etwa einer Woche entlässt man die Würmer wieder: Der Inhalt des Lumbricariums kann auf einen Kompostplatz geleert oder unter Sträucher im Garten verteilt werden.

Es ist für Kinder interessant, sich vorzustellen, wie Regenwürmer und andere Kleinlebewesen des Bodens leben: in ständigem Dunkel, in unterschiedlich großen Hohlräumen, die sich bei Regen schon mal zur Gänze mit Wasser füllen, in Gesellschaft anderer Organismen, die man weit besser riechen als auf andere Weise spüren kann.

Auch **Heuschrecken** lassen sich gut einige Zeit in einem Terrarium halten. Verschiedene Arten Grashüpfer sind leicht zu finden und mit etwas Geschick auch zu fangen.
Ein „Heuschreckenheim" können Sie gut in einem alten Aquarium oder einem ähnlichen Behältnis einrichten, wobei der Deckel entweder Luftlöcher haben muss oder ein feines Netz darüber gespannt wird. Zum Füttern der Tiere sammeln die Kinder regelmäßig frische Blätter, und mithilfe einer Sprühflasche wird das Terrarium leicht feucht gehalten. Zur Aufstellung wählen Sie einen hellen Platz ohne direkte Sonneneinstrahlung, wo die Kinder die Insekten auch gut beobachten können.

„Es ist für kleinere Kinder sehr interessant, Heuschrecken zu halten, da sie groß sind, sich relativ langsam bewegen und sich auf faszinierende Art tarnen, sodass sie in ihrem Becken nur schwer zu finden sind."
*(Thornton/Brunton, 2008, S. 56)*

*Bei kühl-feuchter Witterung sind Heuschrecken weniger aktiv – und lassen sich leichter fangen.*

# 4 Die unbelebte Natur

## 4.1 Wasser – ein sonderbarer Stoff

Das **Wasser** als beinahe überall vorhandene Substanz scheint auf den ersten Blick eine sehr einfache Sache zu sein. Die chemische Zusammensetzung eines Wassermoleküls könnte jedenfalls kaum einfacher sein: Zwei Wasserstoffatome, die sich mit einem Sauerstoffatom zum H2O verbinden.
Und dennoch: Je sorgfältiger man die Eigenschaften dieses Stoffes untersucht und je mehr man über seine Rolle in vielfältigen natürlichen und künstlichen Prozessen herausfinden kann, desto bemerkenswerter und rätselhafter wird dieses „Element". Nicht zuletzt führen seine besonderen Eigenschaften schon im Wettergeschehen zu ganz unterschiedlichen Phänomenen wie Regen, Nebel, Regenbogen, Tau, Hagel, Schnee, Reif, Eis, Dunst und Wolken aller Art. Hinzu kommt seine oftmals überraschende Rolle, die es in biologischen und biochemischen Systemen spielt.

„Schon wenn eine einzige dieser Besonderheiten des Wassers fehlen würde, wäre ein Leben, wie wir es kennen, nicht mehr möglich. Denken wir etwa an die Tatsache, dass Wasser der einzige weitverbreitete Stoff ist, der in dem Temperaturbereich, in dem Leben möglich ist, in allen drei Aggregatzuständen, also fest, flüssig und gasförmig, vorkommt."
(Wittmann, 2000, S. 74)

Jungwald im Neuschnee – Wasser in einer besonders schönen Form

Die sechseckigen Schneekristalle sind wegen der besonderen Struktur der Wassermoleküle stets in Winkeln von 60° und 120° aufgebaut. Dennoch ist die Formenvielfalt im Detail unendlich groß.

## 4.1 Wasser – ein sonderbarer Stoff

In der Natur- und Umweltpädagogik für jüngere Kinder spielt sicherlich die Auseinandersetzung mit Pflanzen und Tieren eine besonders große Rolle. Daneben brauchen wir aber auch ein wenig Hintergrundwissen aus Physik und Chemie, Meteorologie und Bodenkunde, und indirekt geht es auch um Fachgebiete, die man auf den ersten Blick vielleicht gar nicht mit Umweltpädagogik in Verbindung bringen würde: Mathematik, Technik, Kulturgeschichte und andere mehr. Der Grund liegt darin, dass gerade die Beschäftigung mit Umweltfragen rasch in die unterschiedlichsten Themenbereiche führt – was die Sache für Kinder natürlich besonders interessant und spannend macht.

*Aufgabe 4.1*
*Für Versuche rund um das Wasser ist es hilfreich, ein paar physikalische Zusammenhänge zu kennen und erklären zu können. Versuchen Sie, auf die folgenden Fragen eine Antwort zu finden und vergleichen Sie diese dann mit den Erläuterungen in Kapitel 6.*
1. *Wann und wo kommt es zu Regen, Schnee, Hagel?*
2. *Was passiert, wenn Sie in ein Glas mit sehr salzhaltigem Wasser mit einem Löffel oder einer Schöpfkelle vorsichtig und langsam (!) frisches Leitungswasser gießen?*
3. *Bei welcher Temperatur kocht das Wasser? Und: Gilt das überall?*

Eine der Eigenschaften des Wassers, die für das Leben von allergrößter Bedeutung ist, hat mit der unterschiedlichen Ausdehnung des Wassers bei unterschiedlichen Temperaturen zu tun, der sogenannten **Dichteanomalie des Wassers**.
Normalerweise verringert sich das Volumen eines Stoffes bei abnehmender Temperatur (das Material „zieht sich zusammen"), während es sich bei steigenden Temperaturen vergrößert. Das trifft zunächst auch auf das Wasser zu. Wird heißes Wasser abgekühlt, benötigt es etwas weniger Raum. Kühlt man dieses Wasser aber weiter ab, passiert etwas Eigenartiges: Unter 4 °C verringert sich das Volumen nicht weiter, sondern nimmt sogar wieder ein wenig zu.

*Beispiel:*
Ein einfaches Experiment kann veranschaulichen, welchen Einfluss die **Temperatur** auf den Rauminhalt einer bestimmten Wassermenge hat:
Ein bis zur Hälfte mit Wasser gefülltes Glas wird über Nacht in den Gefrierschrank gestellt. Zuvor markiert man an der Außenseite des Glases mit einem Stift den Wasserspiegel. Am nächsten Morgen kann man erkennen, dass dieselbe Menge Wasser plötzlich mehr Raum einnimmt: **Eis** hat ein deutlich größeres Volumen als flüssiges Wasser.

*Ein einfacher Versuch zum Nachweis der Volumenänderung von Wasser*

**A** *Aufgabe 4.2*
*Wenn ein Liter Wasser bei 4 °C das Volumen von 1 Kubikdezimeter hat, im gefrorenen Zustand dann aber mehr Raum einnimmt, bedeutet das auch, dass 1 Kubikdezimeter Eis etwas leichter sein muss als der anfangs gemessene Kubikdezimeter Wasser. Das sogenannte spezifische Gewicht (Dichte) von Eis ist geringer als das des kalten Wassers.*
*1. Wo kann man diesen Sachverhalt in der Natur immer wieder beobachten*
*2. Welche ökologische Bedeutung hat die Dichteanomalie des Wassers?*
*3. Wann und warum kann eine mit Wasser gefüllte und gefrorene Flasche platzen?*

*Beispiel:*
*Mit Schnee lassen sich viele Dinge machen, wie Kinder uns immer wieder zeigen. Schnee kann man aber auch zum Schmelzen bringen und dabei einige interessante Beobachtungen machen. Benötigt wird dabei nicht mehr als ein Kaffeefilter, weißes (!) Filterpapier und ein Auffanggefäß.*
*Weißes Filterpapier ist für diesen Versuch besser als braunes, weil sich darauf die Rückstände nach der Schneeschmelze besser erkennen lassen.*

*Der Schnee-Test kann sehr überraschend ausfallen. Der vermeintlich saubere, strahlend weiße Schnee enthält besonders in Städten und stadtnahen Gebieten jede Menge Schmutzteilchen.*

Zu den „Klassikern" unter den Spielen und Versuchen mit Wasser gehört die Suche nach Stoffen, die schwimmen bzw. die Frage nach der **Schwimmfähigkeit** verschiedener Materialien.
Eine Sammlung verschiedener Dinge von einfachen Naturmaterialien wie Zapfen oder Steinen bis hin zu Kunststoffen wie Schaumstoffreste, Styropor oder Hartgummiteile, werden nacheinander in eine große Wanne mit Wasser gesetzt – nicht ohne vorher mit den Kindern überlegt zu haben, was davon schwimmen könnte und was nicht. Schwierig, aber natürlich besonders spannend wird es, wenn sich in der Sammlung Dinge befinden, die gleichsam „unentschlossen" sind, ob sie schwimmen oder untergehen sollen: ein Stück durchnässtes Holz, ein bestimmter Bimsstein oder ein poröser Kunststoff, der sich langsam mit Wasser voll saugt und dann langsam zu Boden sinkt.

Eine Vertiefung dieser Thematik kann im Bau von kleinen Booten bestehen. Dazu sind ganz unterschiedliche Kompetenzen erforderlich, gleichzeitig lernen die Kinder dabei viel über Materialien und ihre Bearbeitung sowie den Umgang mit Werkzeugen. Werden Boote gemeinsam zu zweit oder in kleinen Gruppen gebaut, geht es natürlich auch um Fragen der Zusammenarbeit, des Aushandelns und Entscheidens – pädagogische Schlüsselsituationen, die nicht nur für die Umweltbildung Bedeutung haben.

## 4.2 Chemie – nicht nur in der Küche nützlich

Es braucht vermutlich nicht besonders begründet werden, weshalb Fragen der **Chemie** auch für die Natur- und Umweltbildung wichtig sind. Immerhin steht die Auseinandersetzung mit der Chemie heute für Kinder wie Erwachsenen mehr denn je für eine bewusste Hinwendung zu Fragen unserer Zeit. Chemie ist aus unserem Alltag nicht nur nicht wegzudenken, sondern in ihr liegen auch ganz entscheidende Aspekte künftiger Entwicklungen: Erforschung, Planung und Fertigung von Produkten für alle Lebensbereiche, biologische, medizinische und pharmakologische Aufgaben, bis hin zur Beteiligung an umwelttechnischen Maßnahmen mit der Überwachung von Lebensräumen mithilfe chemisch-diagnostischer Verfahren.

Umweltpädagogik hat daher die Aufgabe, Kinder auch mit dieser Disziplin mindestens ein wenig bekannt zu machen. Angesichts des großen Interesses, das viele Kinder für chemische Versuche aufbringen, fällt das im Grunde nicht sehr schwer. Vielleicht ist es sogar leichter, mit Kindern Chemie zu betreiben als Biologie – immerhin erfordern chemische Versuche wesentlich weniger Zeit als biologische Beobachtungen und Experimente.

Es kommt hinzu, dass zahlreiche Vorgänge des täglichen Lebens nicht nur mit physikalischen, sondern auch mit chemischen Prozessen zu tun haben. Gerade bei Versuchen, verschiedene Stoffe in Wasser zu lösen, liegen physikalische und chemische Phänomene nahe beieinander. Solche Versuche machen Kinder immer wieder neugierig auf Ergebnisse, Reaktionen und Begründungen. Die **Löslichkeit** von Stoffen wie Salz oder Zucker in Wasser wird auch durch die Temperatur beeinflusst. Versuche mit unterschiedlich leicht löslichen Substanzen lassen sich vielfach variieren. Sie stellen für Kinder nahezu jeden Alters ein interessantes Experimentierfeld und einen wertvollen Einstieg in dieses Wissensgebiet dar.

*Schon ein kleines „Labor", in dem verschiedene Utensilien bereit stehen, ermuntert Kinder, eigene Versuchsanordnungen zu erfinden und auszuprobieren.*

*Erste Schritte zum Aufbau eines „Kinderlabors": Töpfe, Pfannen, Schläuche, Becher und Dosen aller Art. Je vielfältiger das Angebot, desto besser.*

Häufig übersehen wir, dass das, was in der **Küche** passiert, reinste Chemie ist. Wer sich mit den chemischen Aspekten von Kochen, Braten und Backen, Salatmarinade und Marmeladeherstellung beschäftigt, kann Erstaunliches herausfinden – oder einfach besser verstehen lernen, was sich da auf der Ebene der Stoffe und Stoffgemische ereignet. Ein schönes und auch für Kinder gut nachvollziehbares Beispiel nennt Gisela Lück:

*Beispiel:*
*Die Frage nach der Ursache für die Farbe der* **Möhre** *kann mit dem Hinweis auf das in dieser Pflanze enthaltene* **Beta-Carotin** *beantwortet werden. Spannender – und hinsichtlich der Auswirkungen verständlicher – ist es, wenn man eine Möhre reibt und die Hälfte der so zerkleinerten Wurzel in ein Glas mit Wasser, die andere Hälfte in ein Glas mit farblosem (!) Öl gibt. Was kann man beobachten? Im Wasser tut sich wenig, die Möhrenteilchen sinken zu Boden und das Wasser bleibt ziemlich klar. Das Öl hingegen färbt sich gelb: der Beweis, dass der gelbe Farbstoff der Möhre, das Beta-Carotin, in Fett löslich ist. Diese Tatsache erklärt auch, warum wir Möhren immer mit etwas* **Fett** *oder* **Öl** *zu uns nehmen sollten: Nur so können wir Beta-Carotin, einen wertvollen Inhaltsstoff der Pflanze, nutzen (vgl. Lück, 2000).*

Die Vorgänge des Kochens und Backens, Dünsten und Bratens sind in sehr vielen Fällen *chemische Prozesse* bzw. mit solchen vergleichbar. Die „Küche als Chemielabor" mag zwar auf den ersten Blick ungewohnt sein, denn viele Menschen assoziieren mit Chemie etwas Unverständliches, Schwieriges oder Gefährliches, aber im Grunde bedeutet Chemie nichts anderes als ganz allgemein die Veränderung von Stoffen in ihrer Zusammensetzung und ihrem Aussehen sowie bestimmter Eigenschaften und Wirkungen.

Für Kinder stellt eine **Küche** ein spannendes Lern- und Experimentierfeld dar. Sie nähern sich neugierig und unbefangen allem, was passiert. Da es in vielen Einrichtungen aus Hygienegründen nur sehr eingeschränkt oder gar nicht möglich ist, die Küche mit den Kindern zunutzen, sollten Sie versuchen, für Ihre Zwecke einen anderen Raum zunutzen. Versuche mit bestimmten Lebensmitteln wie Essig, Zucker, Mehl, Trockenerbsen usw. können ebenso an einem anderen Ort und sogar im Gartengelände durchgeführt werden. Genauso lässt sich auch ein Kuchen oder eine andere Speise außerhalb der Küche vorbereiten.

### 4.2 Chemie – nicht nur in der Küche nützlich

*Aufgabe 4.3*
*Versuchen Sie, einige chemische Prozesse, die in der Küche tagtäglich stattfinden können, zunächst genau zu beschreiben (Machen Sie dazu ggf. einen eigenen kleinen Versuch!) und anschließend so zu beschreiben, dass diese Erklärung ein etwa siebenjähriges, sehr wissbegieriges Kind zufrieden stellen könnte:*
1. *Warum kann man „Kesselstein" (Kalkablagerung in einem Topf) mit Essig entfernen?*
2. *Und wann geht das besser: mit kaltem oder erwärmtem Essig?*
3. *Die Schnittflächen eines aufgeschnittenen Apfels beginnen braun zu werden. Wissen Sie warum? Was könnte man dagegen tun?*
4. *Wie funktioniert eigentlich ein **Spülmittel**?*
5. *Warum kann ein hart gekochtes Ei nicht wieder flüssig werden?*
6. *Weshalb muss ein Hefeteig „**gehen**"? Warum reagiert er dabei empfindlich auf Zugluft?*

Die selbst angesetzten Bakterienkulturen zeigen den Kindern deutlich, welchen Einfluss die Umwelt auf die Entwicklung dieser Mikroorganismen hat.

**Bakterien**, mikroskopisch kleine Organismen, spielen in der Küche in mehrfacher Hinsicht eine wichtige Rolle. Je nach Bakterienart handelt es sich um sehr nützliche und unverzichtbare „Helfer" bei der Herstellung bestimmter Nahrungsmittel (z. B. Hefebakterien) oder um gefährliche Krankheitskeime. Die jeweiligen biologischen Prozesse stehen dabei in enger Wechselwirkung mit bestimmten physikalischen und chemischen Rahmenbedingungen.
Auch wenn diese Organismen mit freiem Auge nicht zu sehen sind, können Kinder in einfachen Versuchen allgemein das Wachstum von Bakterien kennen und vergleichen lernen.

Eine detaillierte Beschreibung eines solchen Versuchs sowie entsprechende Hintergrundinformationen finden Sie in der „Expedition Leben" (Österreicher, 2009, S. 37 ff.).

## 4.3 Steine: Gesteine und Minerale

**Steine** faszinieren Kinder schon seit jeher – und nicht nur Kinder. Ob rundlich oder kantig, glänzend, schimmernd oder matt, glatt oder körnig, in der Form wunderschöner Kristalle oder eigenartig geschwungener Flusskiesel: Steine haben stets ihren eigenen Reiz, ihre eigene Bedeutung, ihr ganz eigenes Gewicht.

In der Natur- und Umweltpädagogik können Steine in vielfacher Hinsicht eine wichtige Rolle spielen. Zum einen handelt es sich um ein Naturmaterial, das in ungeheuer vielen Arten und Formen zu finden ist und bereits von Kindern ganz unterschiedlich genutzt werden kann: als Baustoff ebenso wie als Spielmaterial. Zum anderen verraten Steine, die in einem bestimmten Gebiet gefunden werden, sehr viel über die betreffende Landschaft und deren Entstehung. Es handelt sich in gewisser Weise um Zeugen früherer erdgeschichtlicher Epochen, die man „zum Sprechen bringen" kann.

### 4.3.1 Fundorte und Fundstücke, Namen und Benennungen

Der Begriff „Stein" ist ziemlich undeutlich. Es kann sich um Bausteine, Spielsteine, Edelsteine, Bordsteinkanten oder Kletterfelsen handeln. Auch Stolpersteine können Steine sein.
Wer es genauer wissen möchte, wird deshalb bald eine brauchbare Bestimmung suchen. Dabei ist zunächst wichtig, zwischen **Mineralen** und **Gesteinen** zu unterscheiden.

Obwohl weit weniger wichtig als Gesteine, interessieren sich die meisten Menschen vor allem für Minerale. Das hat sicherlich mit den mitunter prächtigen Farben oder besonders auffälligen Kristallstrukturen zu tun, aber auch mit dem Reiz des Seltenen und damit Wertvollen. Solche Minerale werden dann gerne als „Edelsteine" bezeichnet, wobei diese Benennung recht willkürlich ist. Eine allgemeingültige Definition für das, was „edel" sein soll, gibt es bekanntlich nicht.

*Definition*
*Mineral = fester, chemisch einheitlicher und natürlich entstandener Körper, der als Bestandteil der Erdkruste auftritt. Heute sind über 3.000 verschiedene Minerale („Mineralien") bekannt, nur etwa 200 sind gesteinsbildend.*

Jede Landschaft wird ganz entscheidend von den dort vorherrschenden Gesteinen geprägt, und das heißt vor allem, dass die natürliche Entwicklung eines Geländes über längere Zeiträume von den Eigenschaften dieser Gesteine bestimmt wird: Schwer und langsam verwitternde Gesteine wie z. B. die meisten Granite und Basalte führen zu völlig anderen Landschaften wie etwa die vergleichsweise leicht auswaschbaren jüngeren Kalksteine.

*Definition*
*Gestein = lockeres oder fest gefügtes, natürliches Gemenge von Mineralkörnern und/oder Bruchstücken anderer Gesteine, das in größeren Mengen vorkommt und eine allgemeine Verbreitung besitzt.*

## 4.2 Chemie – nicht nur in der Küche nützlich

In der **Geologie**, heute Teilgebiet der umfangreichen Geowissenschaften, werden diese Erscheinungsformen nicht nur beschrieben, sondern es geht hier auch um die Auswirkungen bestimmter Gesteinsvorkommen auf Grundwasserbewegungen, das Aufspüren von Bodenschätzen, Entscheidungen über Baumaßnahmen in einem bestimmten Gebiet und bodenkundliche Fragen bis hin zum Umweltschutz.

Nicht wenige Kinder sammeln gerne Steine, bringen den einen oder anderen „Schatz" mit und wollen dann Näheres über einen bestimmten, vielleicht besonders merkwürdig aussehenden Stein wissen. Nicht immer wird es möglich sein, eine völlig befriedigende Auskunft zu geben, denn selbst wenn Sie Informationen über den Fundort erhalten, bleibt meist vieles unklar: die genaue Zusammensetzung des Steins, sein Alter, seine Eigenschaften und anderes mehr.

*Besonders attraktiv werden manche Kieselsteine durch eine auffällige Aderung in Form von Linien und Bändern, die manchmal sogar die Form eines Buchstabens oder einer Ziffer annehmen.*

Mithilfe von Bestimmungsbüchern und ein wenig Übung – im besten Fall über eine Einführung durch eine fachkundige Person – lässt sich aber mindestens eine Grobbestimmung nach den Gesteins-Hauptgruppen (vgl. Kapitel 4.3.2) und manches andere interessante Detail erlernen.

### Aufgabe 4.4
*Manche Fragen über Gesteine und bestimmte geologische Phänomene werden immer wieder gestellt. Es ist natürlich gut, wenn Sie in solchen Fällen ein Nachschlagewerk oder eine andere Informationsquelle nutzen können. Wenn Sie allerdings für die Kinder eine „Steinexpertin" werden wollen, ist es besser, auf gewisse Fragen auch ohne Hilfsmittel zumindest eine erste Antwort geben zu können.*
1. *Was ist eine* **„Flusstrübe"** *und wie kommt es dazu?*
2. *Wie nennt man die moos- oder bäumchenartigen Zeichnungen, die häufig auf Steinen zu finden sind und wie entstehen sie?*
3. *Was ist eigentlich* **„Katzensilber"**?
4. *Wie entstehen* **„Tropfsteine"**?
5. *Wie kommt es zu den Bänderungen der Kieselsteine in Abbildung oben?*

## 4.3.2 Auch Steine entstehen und vergehen

Man kann drei große Gruppen von Gesteinen unterscheiden: **Magmatite** (Gesteine vulkanischen Ursprungs bzw. Gesteine der tieferen Schichten; z. B. Granit), **Sedimentite** (Gesteine, die durch Verwitterungs- und Ablagerungsprozesse an oder nahe der Erdoberfläche entstehen; z. B. Sandstein) und **Metamorphite** (Gesteine, deren Mineralbestand sich unter bestimmten Druck- und Temperaturverhältnissen verändert hat; z. B. Marmor).

Häufig sind die Unterschiede zwischen den Vertretern dieser drei Gruppen schon mit bloßem Auge – und ein wenig Übung – gut erkennbar. So zeigen viele Sedimentite eine mehr oder wenig deutliche Schichtung, die den Ablagerungsprozessen bei der Entstehung entspricht. Magmatite und Metamorphite lassen sich voneinander weniger gut unterscheiden, zumal sie im Gelände oft nebeneinander zu finden sind. In jedem Fall ist es aber hilfreich, entsprechende geologische Informationen über das jeweilige Gebiet, in dem Sie wohnen, heranzuziehen: Handelt es sich um ein Kalk- oder ein Schiefergebirge? Sind vulkanische Gesteine zu erwarten? Könnten bestimmte Geländeformen durch eiszeitliche Kräfte entstanden sein?

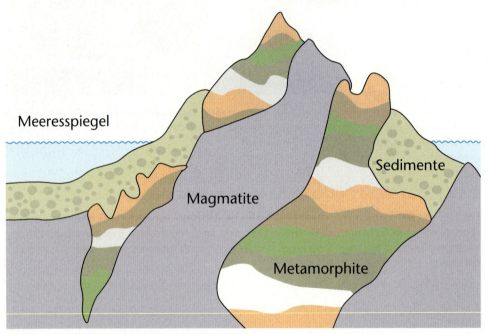

*Unterschiedliche Ausgangsbedingungen und Entstehungsprozesse ergeben die drei Hauptgruppen von Gesteinen: Magmatite, Metamorphite und Sedimentite (auch Sedimente).*

Die Farbe ist bei der Bestimmung des Gesteins oft ein eher schlechter Ratgeber, weil bereits Spuren eines bestimmten Minerals zu großen Farbunterschieden führen können. Wichtiger ist die Struktur der Oberfläche. Es kann für die Kinder eine spannende Aufgabe sein, solche Strukturen in Form von Abrieben, Fotos oder Skizzen festzuhalten.
Um sich mit den anfangs ungewohnten Unterscheidungskriterien bekannt zu machen, sollte man möglichst unterschiedliche Gesteinsarten nebeneinander betrachten können. Gute Vergleichsmöglichkeiten bietet die Besichtigung eines Steinlagers bei einem Natursteinhändler.

## 4.2 Chemie – nicht nur in der Küche nützlich

Sehr hilfreich sind auch Bestimmungs- oder Sachbücher wie zum Beispiel „Der neue BLV Steine- und Mineralienführer" (Schumann, 2002) oder der kleine Exkursionsführer „Geologische Erscheinungen entdecken und verstehen" (Edelmann, 2003).

**Magmatite** sind häufig dunkler als andere Gesteine. Entstanden sind sie aus einer ursprünglich glutflüssigen und dann erstarrten auskristallisierten Gesteinsschmelze (Magma). Dabei verrät ein feinkörniges Gefüge, dass dieser Erstarrungsprozess relativ rasch vor sich gegangen ist. Eine grobkörnige Struktur, bei der auch größere Kristalle wachsen konnten, ist immer ein Hinweis auf einen langsamen Abkühlungsprozess.

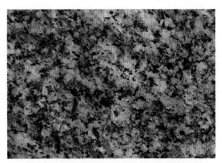
*Granit ist ein typisch magmatisches Gestein: Die drei Mineralien, aus denen er hauptsächlich besteht - Feldspat, Quarz und Glimmer – bilden stets ein regelloses Gefüge, oft mit gut ausgebildeten Einzelkristallen.*

Gesteine, die an der Erdoberfläche verwittern, bilden als Trümmergestein, Kies oder Sand sogenannte Sedimente. Überlagert von weiteren Materialmassen bilden sich daraus unter Druck Sedimentite (Sedimentgesteine), vor allem Kalke, Sandsteine, Konglomerate.

Die dritte große Gruppe von Gesteinen, die **Metamorphite**, sind schwerer zu bestimmen, auch wenn ihre Entstehungsgeschichte gut nachvollziehbar ist: Gelangen nämlich Sedimentgesteine durch zusätzliche Überlagerungen weiter in die Tiefe, wo sie zunehmendem Druck und steigenden Temperaturen ausgesetzt sind, so wird das Material so stark verdichtet, dass chemische Umwandlungsprozesse einsetzen und neue Gesteine entstehen, die den Ausgangsgesteinen kaum mehr ähneln und nun auch ganz andere Eigenschaften aufweisen.

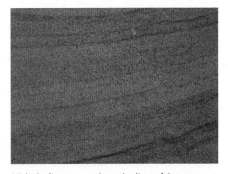
*Viele Sedimentgesteine wie dieser feine Sandstein zeigen noch deutlich die Spuren der Ablagerung des Sandes – vergleichbar den Wachstumsringen eines Baumes.*

Ein gutes Beispiel dafür ist der **Marmor**, ein Gestein, das aus nur einem Mineral besteht (Calcit oder Dolomit). Dieser Mineralbestand hat sich während der Metamorphose auch nicht verändert und sogar die Eigenschaften des Gesteins sind weit gehend erhalten geblieben. Aber die Mineralkörner sind nun durch Zusammenlagerungen deutlich größer, sodass man die Spaltflächen der einzelnen Kristalle im Licht „wie Kristallzucker" glitzern sehen kann.

*Weißer Marmor zählt seit Jahrhunderten zu den wertvollsten Natursteinen. Zudem gibt es unzählige farbige Marmore, deren Farbnuancen auf Spuren anderer Minerale beruhen.*

Die Entstehung ebenso wie das Vergehen von Gesteinen vollzieht sich im Lauf von Jahrmillionen. Dabei ist der Ursprung der Gesteine in der Erdkruste zu suchen. Diese wird dort, wo zwischen auseinander driftenden Kontinentalplatten flüssiges Magma nach oben drängt, immer wieder neu gebildet (magmatische Gesteine), während an anderen Stellen Plattenteile nach unten gedrückt werden und dabei aufgeschmolzen werden.

*Definition*
*Plattentektonik = Modell zur Erklärung der Verschiebung und Gestaltänderung der Kontinente nach Alfred Wegener, der in seinem 1913 veröffentlichten Werk „Von der Entstehung der Kontinente und Ozeane" davon ausgegangen war, dass sich die Kontinente wie riesige Platten frei auf einer zähflüssigen Masse im Inneren des Erdmantels bewegen.*

In der „Expedition Erde" finden Sie bemerkenswerte Vorschläge, wie das wissenschaftliche Modell der Plattentektonik Kindern mit einfachen Mitteln und in spielerischer Weise veranschaulicht werden kann (Haller/Kummetz, 2007, S. 43 ff.).

## 4.3.3 Steine als Arbeitsmittel und Spielmaterial

Die im letzten Kapitel angesprochenen Details über bestimmte Gesteine sollen Ihnen vor allem zur Anregung dienen, mit Kindern gelegentlich ein wenig über geologische Aspekte, Fragen der Zuordnung und Benennung zu sprechen. Und vielleicht haben Sie auch Lust bekommen, sich ganz allgemein etwas mehr mit diesem Thema zu befassen.
Abgesehen von diesem eher wissenschaftlichen Zugang sind Steine aller Art für Kinder zunächst über weite Strecken und immer wieder ein spannendes Spiel- und Arbeitsmaterial.

Betrachtet man **Steine als Spielmaterial**, so kann zwischen der Verwendung in ergebnisoffenen Spielsituationen (z. B. Steine als Baumaterial einer Brücke oder einer Mauer) und der bei Regelspielen oder anderen, angeleiteten Spielen unterschieden werden. Beides hat seine Berechtigung, und in beiden Fällen ist es gut, wenn viele unterschiedliche Größen, Formen und Gesteinsarten zur Verfügung stehen.

*Die Kiesbänke mancher Flüsse bieten eine besonders große Auswahl verschiedener Gesteinsarten – ideal für die Suche nach bestimmten Formen, Größen und Strukturen.*

## 4.2 Chemie – nicht nur in der Küche nützlich

*Flache, helle Kiesel lassen sich gut bemalen. Aus ihnen können „Zahlensteine" gemacht werden, ein Steindomino und mit ein wenig Fantasie vielleicht sogar ein Puzzlespiel.*

Für Spiele mit Steinen gibt es in vielen Sachbüchern Anregungen und Vorschläge, so etwa im Buch „Kinder werden Umweltfreunde" von Hedwig Wilken (2002). Die Autorin beschreibt dort Anleitungen zur Gestaltung von Reliefs aus Kieselsteinen, die Herstellung von Steinrasseln und verschiedene Gruppenspiele, für die meist kaum mehr als ein paar – vielleicht besonders interessante – Steine benötigt werden.

*Beispiel:*
*Eines dieser Spiele – der „**Zauberstein**" – soll hier kurz erläutert werden:*
*Aus einer größeren Menge walnussgroßer, glatter Steine werden zu Beginn der „Vorführung" etwa zehn Stück in die Mitte der Kindergruppe gelegt. Eines der Kinder darf nun einen dieser Steine auswählen und soll diesen Stein fest in der Hand halten, während die Spielleiterin oder der Spielleiter diesen Stein nun mithilfe einer Reihe von Zaubersprüchen verzaubert. Die Zaubersprüche müssen so lange gemurmelt werden, bis sich der in der Hand fest gehaltene Stein spürbar erwärmt hat.*
*Dann wird ein eingeweihter Mitspieler, der vor der Türe gewartet hat und von dem es zuvor schon hieß, er könne verzauberte Steine spüren, hereingebeten. Bei dieser Person kann es sich beispielsweise um eine Kollegin von Ihnen handeln, deren besondere (und vielleicht erst kürzlich entdeckten) Fähigkeiten den Kindern nun vorgestellt werden können.*
*Nachdem der „Zauberstein" wieder so zwischen die anderen Kieselsteine gelegt wurde, dass er nicht weiter auffällt, kommt die betreffende Person in den Raum, um den verzauberten Stein aufzuspüren. Da sich dieser Stein noch deutlich wärmer anfühlt als die anderen, kann er mit Sicherheit rasch ertastet werden. Können die Kinder den Trick erraten?*
*Wird das Spiel wiederholt, muss man den ersten Stein natürlich austauschen (vgl. Wilken, 2002, S. 111).*

Mit dem Zerkleinern von Steinen, was für sich genommen schon eine interessante Tätigkeit sein kann, entstehen je nach Gesteinsart unterschiedlich geformte Bruchstücke bis hin zu einem feinen Steinmehl. Aus manchen Gesteinen lassen sich beim Zerbrechen und Spalten sogar kleine Einzelkristalle gewinnen. So brechen etwa aus einem **Granatamphibolit** (ein Gestein der Zentralalpen, das vor allem im Kies des Voralpenlandes zu finden ist) beim Spalten häufig kleine rotbraune Granatkristalle. Sollen bestimmte Steine wie Specksteinstücke oder Ytongblöcke mithilfe von Sägen und anderen Handwerkzeugen bearbeitet werden, brauchen die Kinder unbedingt Schutzbrillen.

*Die Herstellung von „Steinmehl" ist anstrengend, aber spannend. Die Produkte können ganz unterschiedliche Körnungen und Farbabstufungen aufweisen und lassen sich mithilfe von Kleister auch zum Malen von „Steinbildern" nutzen.*

*Magnetischer Sand ist ein Material, mit dem sich gut experimentieren lässt. Es lohnt sich, davon einen kleinen Vorrat anzulegen, denn man findet ihn nicht überall.*

Der Übergang von einer spielerischen Beschäftigung mit Steinen zu einer gezielten Frage nach bestimmten Eigenschaften und Verwendungsmöglichkeiten des betreffenden Materials ist fließend. Kinder entwickeln in der Regel aus ihren Aktivitäten heraus viele Überlegungen und Fragen, die manchmal weit über das aktuelle Spiel hinausführen. Eine dieser Materialeigenschaften, die besonders faszinierend sind, ist der **Magnetismus** bestimmter Minerale und Gesteine – eine geheimnisvolle Kraft, die noch im kleinsten Bruchstück eines magnetischen Gesteins zu entdecken ist.

### A  *Aufgabe 4.5*
*Wenn Kinder mit Magnetsand experimentieren, bleibt es nicht aus, dass hinterher alle eingesetzten Magnete mit feinsten magnetischen Sandkörnern „verunreinigt" sind. Wissen Sie, wie man die Magnete wieder säubert? Einen Vorschlag dazu finden Sie in Kapitel 6.*

**4.4 Klima und Wetter**

In der Mischung verschiedener und verschiedenfarbiger Sande liegt ein großer Reiz. Sie lassen sich nicht nur zur Herstellung von allerlei Mustern und „Sandbildern" verwenden, sondern auch für Experimente zum Trennen nach unterschiedlichen Körnungen. Eine Trennung nach Farben gelingt allerdings nur, wenn beispielsweise ein heller, nicht magnetischer Sand mit einem reinen „Magnetsand" vermischt worden ist. Dieser ist nämlich grauschwarz, und daher lässt sich die grauweiße oder schwarzgelbe Mischung beider Sande wieder rückgängig machen.

Übrigens: Wie Sie sicherlich wissen, spielen Magnete seit langem auch im Umweltschutz eine wichtige Rolle. Mit ihrer Hilfe werden Abfallstoffe sortiert, um bestimmte Metalle zurückgewinnen zu können.

*Definition*
*Magnetismus = die Eigenschaft eines Magneten, magnetische Stoffe wie Eisen, Nickel und Kobalt innerhalb des magnetischen Feldes anzuziehen. Im Körper eingelagertes Magnetit gilt als mögliche Erklärung für das Orientierungsvermögen von Lebewesen (z. B. bei der Wanderung von Zugvögeln).*

## 4.4 Klima und Wetter

Während mit dem Begriff **Klima** großräumig geltende meteorologische Bedingungen beschrieben werden (Klimazonen), beziehen sich Angaben zum **Wetter** (Wetterlage, Witterung) immer auf ein regional begrenztes Gebiet zu einer bestimmten Zeit. Dieser Unterschied ist vor allem deshalb wichtig, weil klimatische „Rahmenbedingungen" stets die Bandbreite der konkret auftretenden Wetterverhältnisse bestimmen.
Ein weiteres wichtiges Unterscheidungsmerkmal betrifft die Veränderbarkeit meteorologisch relevanter Größen: Ein bestimmtes Klima ist durch ganz bestimmte Temperatur- und Feuchteverhältnisse gekennzeichnet, die sich in der Regel nur in größeren Zeiträumen und relativ langsam verändern (globale Erwärmung als *klimatische* Veränderungen). Ein bestimmtes Wetter hingegen kann „umschlagen", ein Wettergeschehen ist meist kurzfristig und kann sich – innerhalb bestimmter Grenzen – rasch ändern.

Der Begriff **Klima** wird allerdings auch im Zusammenhang mit kleinräumigen, aber genau umrissenen Situationen verwendet. Wir sprechen etwa von einem „Waldklima", obwohl die Situation in einem Wald selbstverständlich vom überregionalen Klima (Großraumklima) sowie vom örtlichen Wettergeschehen beeinflusst wird; in einem Wald herrschen aber ganz eigene Bedingungen, die für diesen Lebensraum sehr typisch sind: geringere Temperaturgegensätze zwischen Tag und Nacht, kaum Wind sowie eine meist höhere Luftfeuchtigkeit als in der Umgebung. Allgemein sprechen Meteorologen hier auch von einem **Kleinklima**.

*Definition*
*Kleinklima (Mikroklima) = Bezeichnung für einen kleinen, gut umrissenen Bereich in der Ausdehnung von etwa 1 bis 100 m Durchmesser, für den ganz bestimmte meteorologische Bedingungen gelten, z. B. Terrasse, Waldlichtung, Schlucht, Hausfassade. Beispiel: Während in der Umgebung keine Weinrebe gedeihen würde, kann diese Wärme liebende Pflanze an einer geschützten Ecke am Haus oder Innenhof sehr erfolgreich kultiviert werden.*

*Ein alter, aufgelöster Tuffstein-Steinbruch, in dem sich heute Wildpflanzen ausbreiten und verschiedene Wildtiere eine Heimat gefunden haben. Das Kleinklima dieser kesselartigen Grube ist von meist deutlich höheren Temperaturen, als außerhalb des Steinbruchs, und Windstille geprägt.*

## 4.4.1 Im Wechsel der Jahreszeiten

Das in Mitteleuropa herrschende gemäßigte Klima wird entscheidend durch den Wechsel der vier **Jahreszeiten** Frühling, Sommer, Herbst und Winter bestimmt. Als Erwachsene übersehen wir leicht, wie intensiv Kinder nach wie vor das Charakteristische dieser Jahreszeiten erleben. Für sie ist das plötzliche Auftauchen von Frühlingsblumen vielfach noch etwas wirklich Besonderes, sie freuen sich auf den Sommer, bestaunen im Herbst bunte Blätter und können es ohne Einschränkungen genießen, wenn der erste Schnee fällt.

*Im Wurzelbereich der Bäume schmilzt der Schnee rascher, besonders an der windabgewandten Seite der Gehölze. Der vergleichsweise wärmere Boden ist wie ein „Lebenszeichen" des Baumes und keinesfalls nur darauf zurückzuführen, dass ein solcher Baum auch Windschutz bietet.*

## 4.4 Klima und Wetter

In der Natur- und Umweltpädagogik spielen die jahreszeitlichen Veränderungen, das Wetter und die Wetterbedingungen in mehrfacher Hinsicht eine wichtige Rolle und sollten in ihrer Bedeutung keinesfalls unterschätzt werden:

- Der Wechsel der Temperatur- und Feuchteverhältnisse als entscheidende Einflussfaktoren auf jede Art von Wachstum und Entwicklung

- Je nach Jahreszeit unterschiedliche Wahrnehmungs- und Beobachtungsmöglichkeiten in der Pflanzen- und Tierwelt

- Verfügbarkeit bestimmter, für eine Jahreszeit oder Wettersituation typische bzw. davon abhängige Materialien wie Blüten, Wildfrüchte, Herbstlaub, Hagelkörner, Schnee usw.

- Wetter als Einflussfaktor für die Durchführung bestimmter Unternehmungen wie Ausflüge ins Gelände, den Aufenthalt im Garten usw.

Im Frühjahr, wenn die manchmal rasch ansteigenden Tagestemperaturen zu einer oft überwältigenden Blütenfülle in kürzester Zeit führen, lohnt es sich, mit Kindern gezielt Ausflüge in Parks oder Kleingartenanlagen zu machen. Gerade **Kleingärtner** sind in vielen Fällen gerne bereit, Kindern ihren Garten zu zeigen. Die gärtnerische Erfahrung der jeweiligen Garteninhaber oder -nutzer vermittelt den Kindern ganz nebenbei auch viel von der Regelhaftigkeit jahreszeitlicher Entwicklungen – ganz abgesehen davon, dass solche Begegnungen auch unter sozialen, kulturellen und kommunikativen Gesichtspunkten sehr interessant sein können.

*In Kleingärten findet man häufig auch eine große Vielfalt an Frühjahrsblühern: Neben Schneeglöckchen und verschieden farbigen Krokussen (wie auf diesem Bild) auch Christrose, Blausternchen, Märzenbecher, Veilchen, Leberblümchen, etwas später dann Gelbstern, Buschwindröschen, Lerchensporn, Tulpe und Hyazinthe – etliche davon auch in vielen verschiedenen Sorten.*

**Bauernregeln** bilden eine ganz eigene Annäherung an jahreszeitliche Bedingungen, Möglichkeiten und Erwartungen. In ihnen stecken oft nicht nur uralte Erfahrungen, Ergebnis gründlicher Beobachtungen und intensiven Erfahrungsaustausches, sondern ihre Form ist nicht selten auch von Wortwitz und Treffsicherheit bestimmt:

- Kommt der Frost im Januar nicht, zeigt im März er sein Gesicht.
- Der April tut, was er will.
- Ist der Siebenschläfer (27. 06.) nass, regnet's ohne Unterlass.
- Wenn im September viel Spinnen kriechen, sie den nahen Winter riechen.

– Blühen im November die Bäume aufs neu, währet der Winter bis zum Mai.

– Ist es grün zur Weihnachtsfeier, fällt der Schnee auf Ostereier.
*(volkstümliche Überlieferungen)*

### Wolkenbilder und Regenwetter

Während früher auch hierzulande die Kenntnis bestimmter Wolkenbilder und ihre Bedeutung für die Wetterprognose weit verbreitet war, verstehen sich heute nur noch wenige Menschen darauf. Insbesondere dann, wenn Sie mit Kindern im freien Gelände unterwegs sind, bietet es sich an, anhand der aktuellen Bewölkung gemeinsam eine kleine **Wettervorhersage** zu versuchen. Mit etwas Hintergrundwissen und Übung können Sie das Wettergeschehen recht erfolgreich interpretieren und den Kindern damit auf spannende Weise einen weiteren Aspekt unserer natürlichen Umwelt vermitteln.

Ein sehr gute Einführung und Bestimmungshilfe bietet etwa das kleine und übersichtlich gegliederte Taschenbuch „Wolkenbilder, Wettervorhersage" (Sönning/Keidel, 2005).

**Aufgabe 4.6**
Testen Sie Ihr Wetterwissen mithilfe folgender Fragen. Auflösung in Kapitel 6.
1. In ungefähr welcher Höhe befinden sich die höchsten **Wolken**?
2. Was verraten uns hohe Federwolken, wie sie in der nebenstehenden Abbildung oben zu sehen sind?
3. Wie können Sie anhand eines Donnerschlages die Entfernung eines **Gewitters** bestimmen?
4. Wie wird das Wetter am nächsten Tag höchstwahrscheinlich sein, wenn am wolkenlosen Himmel ein intensives Abendrot zu sehen ist?
5. Wie entstehen die **Kondensstreifen** eines Flugzeugs?
6. Entsteht **Glatteis**, wenn es nach milden Temperaturen kälter oder wenn es nach vorheriger großer Kälte wärmer wird?
7. Was bedeutet es für die bevorstehende Wetterentwicklung, wenn eine **Spinne** während einer trüben Witterung ein Netz spinnt?

Die „Federwolken" haben diesen Namen wegen ihrer filigranen, ausgefransten und manchmal auch hakenartigen Formen erhalten.

Ein mitunter etwas heikler Punkt im Alltag vieler Kindertagesstätten ist die Frage, bei welchem Wetter die Kinder ins Freie gehen dürfen. Aus verschiedenen Gründen werden die Nutzung eines Garten- oder Außengeländes und erst recht Ausflüge in die Umgebung auf Tage und Stunden beschränkt, in denen eine trockene und möglichst warme Witterung herrscht. Dabei wird übersehen, dass Kindern dadurch nicht nur die Möglichkeit genommen wird, mit weniger günstigen Wetterbedingungen richtig umgehen zu lernen (entsprechende Kleidung, an Kälte und Nässe angepasstes Verhalten), sondern dass sie auch bestimmte und durchaus interessante Erfahrungen gar nicht erst machen können. Auch wenn Regenwetter hierzulande für sehr viele Erwachsene überwiegend unangenehm ist – Kinder sehen darin nicht selten sogar etwas besonders Anziehendes und finden es toll, nass zu werden, in Pfützen zu springen und mit herausgestreckter Zunge Tropfen aufzufangen. Selbstverständlich ist es wichtig, dass diese Kinder nicht zu frieren beginnen und dass die Möglichkeit ge-

## 4.4 Klima und Wetter

geben ist, im Bedarfsfall die Kleidung zu wechseln. Andererseits gibt es wetterfeste Kleidungsstücke, die sich auch gut für einen mehrstündigen Aufenthalt im Regen eignen und bei genügend Bewegung frieren die Kinder auch nicht.

*Regenwetter an sich ist als „Angebot" manchmal schon völlig ausreichend, um Kinder zu fantasievollen Aktivitäten und Spielen anzuregen.*

### Regenbogen

Das Auftauchen eines **Regenbogens** fesselt nicht nur Kinder immer wieder aufs Neue. In früheren Zeiten und Kulturen wurde diese Himmelserscheinung sogar als Symbol der Verbindung zwischen der Welt der Menschen und der der Götter angesehen.
Heute sehen wir diese bemerkenswerte Erscheinung in der Atmosphäre unter wissenschaftlichen Gesichtspunkten und können sein Zustandekommen mit meteorologischen und physikalischen Begriffen erklären. Dennoch bleibt der Regenbogen geheimnisvoll und faszinierend:

„Was ihn besonders rätselhaft macht, ist die Tatsache, daß er in Wirklichkeit gar nicht existiert! Wenn ihn niemand sieht, existiert er nicht; er entsteht erst auf der Netzhaut des Auges und wird vom Auge in die Landschaft projiziert. Jeder Betrachter sieht somit seinen eigenen Regenbogen."
*(Wittmann, 2000, S. 129)*

> **A** *Aufgabe 4.7*
> *Was wissen Sie über den Regenbogen? Versuchen Sie, die folgenden Fragen schriftlich zu beantworten und vergleichen Sie anschließend Ihre Angaben mit den Erläuterungen in Kapitel 6.*
> *1. Wann können wir einen Regenbogen sehen?*
> *2. In welcher Richtung steht der Regenbogen zur Sonne?*
> *3. Welche Form hat ein Regenbogen?*
> *4. Wie viele und welche Farben hat ein Regenbogen?*
> *5. In welcher Reihenfolge stehen die Farben eines Regenbogens von innen nach außen?*

Eine wichtige Voraussetzung zum wissenschaftlichen Verständnis des Regenbogens ist die Kenntnis von der Zerlegung des Sonnenlichtes in seine **Spektralfarben**. Diese Zerlegung findet in Wassertropfen statt, und zwar so, dass die unterschiedlichen Farben eines Lichtstrahls in verschiedenen Winkeln gebrochen werden. Die dahinter stehende Gesetzmäßigkeit der Optik lässt sich sehr leicht zeigen, wenn Sie Licht auf ein Glasprisma fallen lassen – am besten so, dass Sie einen Raum etwas abdunkeln und das Licht nur durch einen Spalt auf das Prisma trifft. An der hinteren Wand des Raumes zeigen sich dann sehr deutlich die einzelnen Lichtfarben, abhängig vor allem von der Größe und der Qualität des Glasprismas sowie der Intensität des einfallenden Lichts.

## 4.4.2 Achtung: UV-Strahlung

Im Gegensatz zum Regenbogen gibt es einen Aspekt des Lichts, mit dem wir heute vor allem die Gefährdung und Schädigung unserer Gesundheit verbinden: die UV-Strahlung.

*Ein Mittagsschlaf im Schatten einer Hecke als Erholung von den bisherigen Anstrengungen des Ausflugs.*

## 4.4 Klima und Wetter

**Definition**
*UV-Strahlung (ultraviolette Strahlung). = kurzwelliger, energiereicher Anteil des Sonnenlichts, der innerhalb des elektromagnetischen Spektrums zwischen dem sichtbaren Licht und der Röntgenstrahlung liegt. Es wird unterschieden zwischen UV-A-Strahlen, die tief in die Haut eindringen, häufig Sonnenallergien auslösen und insbesondere die Hautalterung beschleunigen, und UV-B-Strahlen, die zwar nur bis in die Oberhaut eindringen, dort aber vor allem Sonnenbrand verursachen.*

**Aufgabe 4.8**
*1. Warum ist der Schutz vor Sonnenbrand für Kinder wichtiger als für Erwachsene?*
*2. Was sollten wir bei der Entscheidung für ein bestimmtes Sonnenschutzmittel beachten?*
*Auch hier sollten Sie zunächst selbst überlegen, wie diese Fragen am besten zu beantworten sind, bevor Sie in Kapitel 6 nachschlagen.*

### 4.4.3 Wetterphänomene beobachten und erklären

Der Aufenthalt im Freien, sei es im Garten oder bei einem Ausflug, lenkt die Neugier der Kinder immer wieder auf bestimmte Wetterphänomene und jahreszeitbedingte Beobachtungen. Sie kennen vermutlich solche Situationen und die dann plötzlich gestellten Warum-Fragen, die so einfach klingen, aber oft nur mit Schwierigkeiten zu beantworten sind: „Warum ist der Himmel blau?" „Warum ist das so dunkel?" „Warum donnert es?"

Die Auseinandersetzung mit diesen und anderen meteorologischen Phänomenen könnte gut ein ganzes Buch füllen und kann hier nur gestreift werden. Neben den bereits angesprochenen Phänomenen des Zufrierens von Teichen und Seen, den Erscheinungsbildern von Regenbögen und Kondensstreifen von Flugzeugen sollen hier aber noch fünf weitere, immer wieder wahrgenommene Phänomene vorgestellt und kurz erklärt werden.

#### Die Farbe des Himmels

Die tagsüber blaue Färbung des Himmels ist vor allem das Ergebnis der Streuung des Sonnenlichts in der Atmosphäre. Dabei wird das „blaue Ende" des Spektrums des Sonnenlichts an den Luftmolekülen stärker gestreut als das „rote Ende". Zwar wird das rote Licht auch durch Wassertröpfchen und Ozonmoleküle stärker als das blaue Licht absorbiert („verschluckt"), aber das spielt mengenmäßig eine nur untergeordnete Rolle.
Die Blaufärbung des Himmels ist übrigens in einiger Entfernung von der Sonne am stärksten ausgeprägt, während der Himmel am Horizont meist wieder weiß aussieht. Das hat damit zu tun, dass das blaue Licht von dort einen viel weiteren Weg zurücklegt und dabei stärker abgeschwächt wird. Gleichzeitig kann sich dabei das rote Licht wieder mehr durchsetzen, sodass es in der Kombination der beiden Lichtanteile wieder zu einer eher weißen Färbung des Himmels kommt.

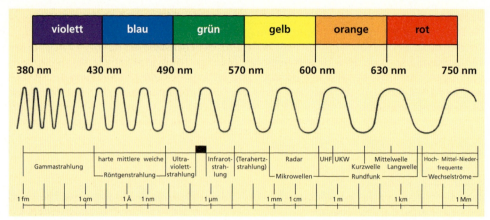

*Das sichtbare Licht nimmt innerhalb des Gesamtspektrums der elektromagnetischen Wellen nur einen verhältnismäßig kleinen Raum ein.*

### Wintergewitter

Ein Wintergewitter ist schon deshalb etwas Besonderes, weil es verhältnismäßig selten auftritt. Der Grund liegt darin, dass ein Gewitter stets das Ergebnis instabiler Luftmassen ist. Dazu kommt es besonders dann, wenn sich bodennahe Luftschichten stark erwärmen, viel Wasser aufnehmen und rasch nach oben aufsteigen. Im Winter sind aber auch die bodennahen Luftschichten kälter und können daher auch nicht so viel Wasser aufnehmen – die Wahrscheinlichkeit für ein Gewitter ist deshalb im Winter viel geringer als im Sommer.

### Hagelschauer

Ein Sommergewitter mit Blitz, Donner und Hagel zählt zu den eindrucksvollsten Wettererscheinungen. Ein heftiges Gewitter fasziniert und ängstigt gleichermaßen. Dabei kann vor

*Ein Hagelschauer dauert meist nur sehr kurz. Wenn man die Eiskörner genauer in Augenschein nehmen will, muss man sich beeilen.*

allem ein Hagelschlag nicht nur große Sachschäden anrichten, sondern bei entsprechend großen Eiskörnern auch Menschen verletzen.
Die Ursache für die Entstehung und Größe der Hagelkörner liegt in der Dynamik des Gewitters selbst, bei dem es innerhalb der Wolken zu heftigen Aufwinden der feuchten Luftmassen kommt. Die Eiskörner, die sich dabei in den höheren kalten Schichten bilden, werden durch die Aufwinde gleichsam in der Schwebe gehalten und wachsen dabei immer weiter an. Wenn ihre Masse schließlich für die Auftriebskräfte der Luft zu groß geworden ist, fallen sie durch die wärmeren Schichten nach unten. Je nach Ausgangslage und Verlauf des Gewitters können sie dabei wieder schmelzen und die Erde als großtropfiger Regen erreichen oder eben als mehr oder weniger große Hagelkörner.

### Wärmeinseln

Schon während eines kleinen Ausflugs in die Umgebung der Kindertagesstätte fällt manchen Kindern auf, dass es wärmere und kältere Gebiete gibt. Niedrigere Temperaturen werden zwar in erster Linie durch kühleren Wind verursacht, aber es gibt auch richtige „Wärmeinseln".
Ihr Zustandekommen kann unterschiedliche und mehrere Ursachen haben. Kleinräumig entstehen sie vor allem an windgeschützten Plätzen, wo Gebäude und Asphalt- und Betonflächen zusätzlich die Sonnenwärme speichern. Aus diesem Grund bilden besonders die dichter bebauten Stadtzentren und andere Siedlungsgebiete solche „Wärmeinseln". Hinzu kommt, dass im verbauten Gebiet das Niederschlagswasser in der Regel rasch in die Kanalisation abgeleitet wird. Dadurch verdunstet weniger Wasser, was auch die damit verbundene Verdunstungskälte verringert. Und nicht zuletzt kann eine isolierende Schicht aus Schmutzteilchen über den Dächern der Stadt als „Dunstglocke" (Smog) das Aufsteigen der warmen Luftmassen regelrecht verhindern – was dann nicht nur die Temperatur weiter ansteigen lässt, sondern auch den Schadstoffgehalt der Luft erhöht.

### Schmelzendes Eis

Im zeitigen Frühjahr lassen sich an vielen Teichen und anderen Gewässern Stellen in der Eisfläche entdecken, die deutlich dunkler sind als ihre Umgebung. Der Grund für diesen Effekt – der uns warnen sollte, die betreffende Eisfläche zu betreten – hängt damit zusammen, dass der einsetzende Tauprozess kleine, mit Wasser gefüllte Hohlräume entstehen lässt. Das auftreffende Sonnenlicht wird an diesen Stellen nicht so gleichmäßig reflektiert, wie es bei einer stabilen Eisschicht der Fall ist, sondern zu einem erheblichen Teil absorbiert („verschluckt"). Dadurch wirkt diese Fläche erkennbar dunkler.

# 5 Umweltschutz und Umweltpädagogik

**Umweltschutz** wird hierzulande von einer breiten Mehrheit der Menschen befürwortet, wenn auch der aktive Beitrag des Einzelnen nicht selten eher gering ausfallen mag. Es ist beinahe eine Binsenweisheit, dass zwischen dem allgemein gestiegenen **Umweltbewusstsein** und dem konkreten, umweltfreundlichen Verhalten und Handeln vielfach eine deutliche Kluft besteht. Gründe für diesen Unterschied liegen in verschiedenen Bereichen: mangelndes Handlungswissen, fehlende Gelegenheiten und Anreize für umweltfreundliches Verhalten, unterschiedliche Werthaltungen und besonders auch die Macht der Gewohnheit.

Die Natur- und Umweltpädagogik kann hier sicherlich nur zum Teil beitragen, diese Kluft zu verringern, aber gerade dadurch, dass wir hier mit Kindern arbeiten, handelt es sich um einen entscheidenden Beitrag. Wir wissen nämlich, dass wichtige Teile des Umweltbewusstseins – im positiven wie im negativen Sinn – in der Kindheit geprägt werden, wobei die **Vorbildfunktion** der Erwachsenen (Eltern, pädagogische Fachkräfte und andere wichtige Bezugspersonen) von größter Bedeutung ist.

*Der möglichst sparsame Umgang mit Wasser wird zu Recht als wichtiges Thema der Umweltbildung angesehen. Wir sollten aber auf keinen Fall verhindern, dass Kinder mit diesem Element auch spielerische und lustvolle Erfahrungen machen können.*

Bis vor wenigen Jahren war die Umweltpädagogik noch sehr von düsteren Zukunftsvisionen beherrscht, Informationen über Schadstoffe und Belastungen der Umwelt bestimmten weithin die Auseinandersetzung mit der Natur. Es steht außer Frage, dass wir uns nach wie vor mit den Problemen von Abfall und Müll, Zerstörung von Lebensräumen für Pflanzen und Tiere und globalen Fragen von Ressourcenverteilung und Klimawandel auseinandersetzen müssen. In der Umweltbildung sollte dennoch bewusst ein anderer Ansatz verfolgt werden: Kinder, insbesondere jüngere Kinder, sollen einen emotional positiven Zugang zu ihrer Umwelt entwickeln können und in ihrer **Neugier** und **intrinsischen Motivation** unterstützt werden.

*Definition*
*Intrinsische Motivation = Motivation, die erstens auf Zielen beruht, die sich das Individuum (Kind) selbst setzt, und zweitens ein Gefühl der Belohnung mit sich bringt, wenn diese Ziele aus eigener Anstrengung erreicht werden. Nach Jean Piaget ist dies ein elementarer Bestandteil in der Entwicklung der kognitiven Strukturen bei Kindern, die gerade in einer ansprechenden und anregenden Umwelt (noch) ohne jede Belohnung höchst motiviert sind, ihre Umgebung zu erkunden und auszuforschen.*

Abgesehen von der zeitweise allzu starken Problematisierung von Umweltgefahren und Zukunftsrisiken hat sich die Natur- und Umweltbildung früherer Jahre vor allem auf Fragen der unmittelbaren Naturbegegnung und Erlebnisse mit Tieren und Pflanzen gestützt. Das erscheint keineswegs veraltet oder gar unnötig, aber angesichts der aktuellen Umweltsituation haben sich die Akzente etwas verändert. Heute geht es auch ganz grundsätzlich um Fragen des Verhältnisses zwischen Mensch und Natur:

„Was verstehe ich unter Umwelt? Welchen Wert messe ich ihr zu? Welche Rolle nehme ich ihr gegenüber ein? Mit der Beantwortung dieser Fragen ist Umweltbildung heute mit der Entwicklung von Werthaltungen verbunden."
*(Fthenakis, 2007, S. 292)*

Der Umgang mit unserer Umwelt stellt uns heute mehr denn je vor technologische Herausforderungen, deren Bewältigung vielfach nicht absehbar ist. Umso wichtiger erscheint es, solche Fragen auch mit Kindern zu thematisieren – selbstverständlich in einer Weise, die das Alter und den Entwicklungsstand der jeweiligen berücksichtigt.

*Ältere Kinder setzen sich gerne mit den manchmal sehr fantastischen Visionen der Zukunftstechnik auseinander. Dieses Interesse sollten wir begleiten und in unsere umweltpädagogische Arbeit integrieren.*

## 5.1 Eigene umweltpädagogische Zielsetzungen

Für die Natur- und Umweltpädagogik gibt es noch zahlreiche weitere Themen, deren Darstellung den Rahmen dieses Buches sprengen würde. Einige solcher Themen sind beispielsweise:

- **Lebensgemeinschaften** verschiedener Organismen: Was ist eine Alge? Warum finden wir manche Pilze immer nur in der Nähe bestimmter Baumarten? Was können wir über Pflanzengallen herausfinden?
- **Boden**: Was ist eigentlich Erde? Was ist Humus? Wie sieht es mit dem Bodenleben aus, und wie entsteht Kompost?
- **Erdgeschichte**: Wie entwickelte sich das Leben auf unserem Planeten? Wie sah es in Europa während der letzten Eiszeit aus und welche Spuren finden wir heute noch in der Landschaft?
- **Bodenschätze** und Ressourcen: Wie können Kinder an diese Thematik herangeführt werden? Welche Bedeutung haben Rohstoffe im Alltag der Kinder? Was macht den Wert dieser Stoffe aus? Welche Stoffe können in Recyclingprozessen wiederverwendet werden und wo begegnen wir (die Kinder) diesen neu verarbeiteten Stoffen im Alltag?
- **Energie** und Energienutzung: Welche Formen von Energie sind für Kinder nachvollziehbar? Was hat es mit dem Energiesparen in der Kindertagesstätte auf sich?
- **Zukunftsforschung**: Welche Vorstellungen, Hoffnungen und Erwartungen knüpfen Kinder an die Zukunft? Wie denken sie über Umweltschutz? Was ist ihnen dabei besonders wichtig? Was möchten sie vielleicht sogar selbst durch direktes Engagement unterstützen?

Nähere Informationen zu solchen und anderen Themen der Umweltbildung finden Sie in „Natur- und Umweltpädagogik für sozialpädagogische Berufe" (Österreicher, 2008) sowie in der „Expedition Leben" (Österreicher, 2009). Während im erstgenannten Buch zahlreiche Themenschwerpunkte mit entsprechendem Hintergrundwissen detailliert vorgestellt werden, bietet das zweite Buch eine Sammlung konkreter Handlungsanleitungen für Versuche und Experimente, die Kinder zu einer Reihe naturwissenschaftlicher Fragestellungen durchführen können.

## 5.2 Eltern und externe Fachleute

Die zahlreichen Facetten und möglichen Schwerpunkte der Natur- und Umweltpädagogik machen manchmal nicht nur die Auswahl schwer, sondern können auch rasch das Gefühl einer gewissen Überforderung zur Folge haben. Die Beantwortung vieler Fragen erfordert wenigstens grobe Kenntnisse in verschiedenen naturwissenschaftlichen Disziplinen, wobei noch hinzukommt, dass gerade Umweltthemen selten isoliert behandelt werden können, weil es sehr häufig um Zusammenhänge und Wechselwirkungen mit ganz unterschiedlichen Bereichen geht. Aus diesem Grund bietet sich besonders für die Umweltpädagogik an, gelegentlich auch das **Expertenwissen** von Eltern und externen Fachleuten zunutzen – entweder im Rahmen ehrenamtlicher Tätigkeit der betreffenden Person oder auf Honorarbasis zur Durchführung eines speziellen Umweltprojekts mit Kindern.

*Ein Paläontologe zeigt den Kindern selbst mitgebrachte Fossilien und erklärt ihnen auch, welche Bedeutung diese Spuren früheren Lebens für uns heute haben.*

Wenn Sie für die Kindertageseinrichtung bzw. eine Gruppe von Kindern ein entsprechendes Projekt mit externen Fachleuten organisieren und durchführen wollen, werden Sie sich natürlich einige Punkte überlegen. Wichtig erscheinen dabei folgende Aspekte:

– Um welches Thema bzw. welche Art von Projekt soll es gehen?

– Mit welchen Kosten ist das Vorhaben verbunden? Gibt es ausreichend finanzielle Mittel und wenn nicht: Wer würde die Sache bezuschussen?

- Welche/r meiner Kolleg/innen kann mich unterstützen? Mit wem stimme ich die Einzelheiten ab?
- Was muss dazu vorbereitet und organisiert werden – ggf. innerhalb des gesamten pädagogischen Teams? Und wie viel Zeit benötigt diese Vorbereitung?
- In welcher Weise lässt sich das Vorhaben in den pädagogischen Alltag integrieren, um einen „Strohfeuer-Effekt" zu vermeiden?
- Wie kann das Projekt am besten dokumentiert werden? Kann eine solche Dokumentation zur Vertiefung des Themas genutzt werden? Wie kann sie dazu beitragen, eine nachhaltige Wirkung zu erzielen?

Der Anspruch, mit Fachleuten unterschiedlicher Disziplinen zusammenzuarbeiten, sollte nicht übertrieben werden: Im Zentrum der pädagogischen Arbeit steht in jedem Fall das einzelne Kind mit seiner individuellen Entwicklung und seinen vielfältigen sozialen Kontakten. Wenn hier von Projekten mit externen Personen und **Expertenwissen** die Rede ist – und in gewisser Weise auch dafür geworben wird – so deshalb, weil sich bestimmte Vorhaben durch solche Kontakte und Kooperationen einfach besser umsetzen lassen. Außerdem können die betreffenden Erwachsenen, die ihr Fachwissen in eine Kindertageseinrichtung hineintragen, für die Kinder auch in sozialer Hinsicht sehr wichtig sein: Kinder erfahren so unmittelbar etwas über einen bestimmten Beruf, ein Handwerk oder eine Wissenschaft. Diese Vermittlung kann noch wichtiger sein als das sichtbare Ergebnis eines bestimmten Projektes.

## 5.3 Zwischenbilanz als Fazit

Vielleicht ist in den Ausführungen, Beispielen und Bildern dieses Buchs ein wenig deutlich geworden, wie vielfältig Natur- und Umweltpädagogik sein kann und wie wichtig dieser Themenkomplex gerade auch für die emotionale und kognitive Entwicklung von Kindern ist.
Der Erziehungswissenschaftler Gerd E. Schäfer sieht als wichtigen Bildungsbereich hier „die Welt der Natur, zu der man eine Beziehung aufbauen, die man kennenlernen muss, bevor man sie in physikalische, chemische, biologische oder technische Zusammenhänge aufspalten kann. Das ist die Voraussetzung, dass der Bereich Natur für ein Kind subjektive Bedeutung gewinnen kann. Die Zeit vor der Schule ist wichtig für dieses Kennenlernen und für die Entwicklung erster (kindlicher) ‚Weltbilder'."
(Schäfer, 2002, S. 53)

Die Vielfalt der vorgestellten Themen kann leicht verwirrend und überfordernd wirken, aber es geht keinesfalls darum, dass Sie sich mit allen diesen Themen beschäftigen. Es wird in der Praxis auch kaum möglich sein, einzelne, ausgewählte Themenbereiche besonders intensiv auszuloten. Wichtiger, viel wichtiger ist, dass Sie sich für etwas entscheiden, was Sie selbst interessiert, vielleicht sogar fasziniert. Ihre eigene Begeisterung wird Ihnen mehr als alles andere helfen, Ihre Sache gut zu machen.

Im Übrigen gilt natürlich auch für die Umweltpädagogik, dass sich die favorisierten Themen, Standpunkte und Betrachtungsweisen im Lauf der Zeit verändern. Sogar der viel zitierte „**Kreislauf der Natur**" ist nur symbolisch zu verstehen, denn im Kleinen wie im Großen sind die Veränderungen unübersehbar, manchmal atemberaubend. Aus diesem Grund kann jede

## 5.3 Zwischenbilanz als Fazit

Bilanz immer nur eine vorläufige sein, eine Zwischenbilanz eben. Das soll nicht bedeuten, dass unsere Arbeit unwichtig wäre, sondern uns lediglich davor bewahren, uns für zu wichtig zu halten.

„Diese Ordnung ist nicht so fest, wie sie sich gibt; kein Ding, kein Ich, keine Form, kein Grundsatz sind sicher, alles ist in einer unsichtbaren, aber niemals ruhenden Wandlung begriffen, im Unfesten liegt mehr von der Zukunft als im Festen, und die Gegenwart ist nichts als eine Hypothese, über die man noch nicht hinausgekommen ist ."
*(Musil, 1999, S. 250)*

*Ein Spinnennetz als Symbol für die Verbundenheit der Dinge und Themen untereinander – und gleichzeitig als kleines Beispiel für eine einfache, selbst zu bauende Kletter- und Schaukelkonstruktion im „Lieblingswald" einer Kindergruppe.*

# 6 Anhang

## 6.1 Lösungen und Erklärungen

**Aufgabe 1.1**

1. Zunächst kann man sagen, dass sowohl die Neugier eines Kindes als auch die eines Erwachsenen stark von ungewohnten und unerwarteten Reizen und Wahrnehmungen ausgelöst wird. Dabei gibt es einen eher emotionalen und einen stärker verstandesmäßigen Aspekt, der auch als Wissbegierde bezeichnet werden kann. Die Neugier eines Erwachsenen ist dabei nicht selten sehr zielgerichtet, weil der Betreffende etwas ganz Bestimmtes sucht. Kinder sind hier meist sehr viel offener, lassen sich rascher von vielerlei Dingen und Beobachtungen ablenken und gehen unbefangener auf Neues zu.

2. Neugier wird vor allem durch positive Erfahrungen gefördert. So wird ein Kind, das etwas besonders Schönes oder Befriedigendes entdeckt hat, sich ermutigt fühlen, auch weiterhin nach solchen Dingen Ausschau zu halten. Umgekehrt machen Misserfolge, unangenehme Entdeckungen und Verletzungen aller Art ängstlich und zurückhaltend.

3. Aus dem Gesagten ergibt sich bereits, dass **Neugier** gerade auch beim **Lernen** eine wichtige Rolle spielt. Wer Lust hat, Neues zu erkunden, und keine Scheu, Fragen zu stellen, erfährt nicht nur mehr über die Welt, sondern erweitert auch sein Verständnis für Zusammenhänge. Dadurch kann man das Gelernte auch besser behalten und anwenden.

**Aufgabe 1.2**

1. Die **Eigenaktivität** von Kindern unterstützt die Entwicklung kognitiver Strukturen, das heißt, die Fähigkeit des Unterscheidens, Benennens sowie das Erkennen von Zusammenhängen, Ursachen und Folgen wird durch eine aktive Auseinandersetzung mit der jeweiligen Umwelt entscheidend begünstigt. Ein weitläufiges und anregendes Gelände bietet dafür besonders gute Voraussetzungen.

2. Interessante Ausflugsziele außerhalb des Gartens einer Kindertagesstätte sind nicht nur manche Parks, öffentliche Spielplätze oder nahe gelegene Waldgebiete, sondern auch kleinere und größere Grünanlagen in Siedlungsgebieten, allgemein zugängliche Brachflächen, Teiche und Bäche, verkehrsberuhigte Straßen („Wohnstraßen") und Fußgängerzonen. Die Auswahl ist von verschiedenen Faktoren abhängig: örtlichen Gegebenheiten, Alter der Kinder und Gruppengröße, Jahreszeit, Tageszeit und Wetterverhältnisse, Wunsch nach besonderen Naturbeobachtungen oder -erkundungen und anderes mehr.

3. Ein gemeinsames Ziel („Wir bauen jetzt ein Haus aus den Ästen und Zweigen, die hier am Boden liegen!") oder die Möglichkeit, mit mitgebrachten Lupen, kleinen Schaufeln und anderen Werkzeugen arbeiten zu können, sind nur zwei Wege, die dazu führen können, dass Kinder sich intensiv und ausdauernd mit einer Sache befassen.

## 6.1 Lösungen und Erklärungen

### Aufgabe 1.3

1. Pflanzen sind für Kinder häufig in erster Linie ein mehr oder weniger interessantes Material, das sie für verschiedene Spiele und Versuche nutzen wollen – und das sollten sie wenigstens in einem gewissen Umfang auch tun dürfen. Das Abreißen von Zweigen kann darüber hinaus auch eine Kraftprobe sein, die ebenfalls ihre Berechtigung hat. Es ist also nicht sinnvoll, Kindern ein solches Verhalten gänzlich zu untersagen, sondern man sollte vielmehr im Einzelfall abwägen, ob die betreffenden Pflanzen wirklich vor den Kindern geschützt werden müssen. Bei Wildsträuchern, Gräsern und Wiesenblumen ist das sicherlich nur selten erforderlich. Es erscheint wichtiger herauszufinden, worin die eigentliche Ursache des Verhaltens des betreffenden Kindes liegt: Langeweile, Ärger, Trauer, innere Einsamkeit?

2. Das zuletzt Gesagte trifft auch auf Situationen zu, in denen ein Kind aggressiv auf (kleine) Tiere reagiert. Eine große Rolle spielt hier allerdings auch die „**Vorbildfunktion**" von Eltern und anderen Erwachsenen. Viele Kinder wachsen schon damit auf, dass Ameisen, Nacktschnecken und diverse Käfer nichts als „Ungeziefer" sind. Hinzu kommt, dass bestimmte Tiere wie Spinnen, Kellerasseln oder Silberfischchen ohnehin als „Angst- oder Ekeltiere" verrufen sind. Umso wichtiger erscheint es hier, Kinder daran zu erinnern, dass es sich um Lebewesen handelt und die Kinder behutsam mit der Lebensweise dieser Tiere vertraut zu machen – auch wenn das ein mühsamer und langer Prozess sein mag (vgl. Kapitel 3.3).

3. Mit dem Begriff „**Katastrophenpädagogik**" ist jene Form der Pädagogik gemeint, in der Kindern Umweltbewusstsein vor allem mittels Schilderung von Umweltproblemen und drohenden zukünftigen Umweltgefahren vermittelt werden sollte. Heute wird diese Form von Umweltpädagogik generell sehr skeptisch gesehen, weil sie vielfach Abstumpfung, Desinteresse oder sogar Zukunftsängste zur Folge hat. Ziel der Umweltpädagogik ist aber, die betreffenden Kinder für die Natur und ihren Erhalt zu interessieren und vielleicht sogar zu begeistern.

### Aufgabe 1.4

1. Wichtige Bereiche umweltschonenden Verhaltens und Handelns werden in der Kindheit grundgelegt und eingeübt. Gemeinsam und in Interaktion mit anderen Kindern lernen Kinder rasch, was Umweltschutz im Alltag bedeutet und wie er umgesetzt werden kann.

2. Die Tatsache, dass längst nicht alle Eltern die umweltpädagogischen Bemühungen einer Kindertageseinrichtung unterstützen, sollte kein Grund sein, diese Bemühungen aufzugeben oder sie als sinnlos zu betrachten. Wenn Sie die Ihnen anvertrauten Kinder zu überzeugen verstehen, haben Sie bereits großen Einfluss auf die Entwicklung des **Umweltbewusstseins** dieser Kinder – auch wenn dieser Einfluss möglicherweise erst sehr viel später zum Tragen kommt.

3. Natur- und Umweltpädagogik ist in mehrfacher Weise von der kollegialen Zusammenarbeit innerhalb des pädagogischen Teams abhängig. Zum einen lassen sich umweltpädagogische Arbeitsweisen nicht auf einen Raum, einen Tag oder einzelne Personen begrenzen, denn rasch geht es um Themen, die mehrere Personen betreffen: Fragen der Gartennutzung, der Planung von Ausflügen oder andere Projekte, in denen Natur- und Umweltaspekte eine wichtige Rolle spielen. Hinzu kommt, dass Umweltfragen meist in enger Verbindung mit Fragen der Glaubwürdigkeit und des gemeinsamen Handelns stehen. Es ist für Kinder nur schwer verständlich und nachvollziehbar, wenn eine Erzieherin mit ihnen Regenwürmer erforschen will, während andere im Team sich davor sichtbar ekeln oder ein solches Vorhaben sogar offen ablehnen.

## Aufgabe 2.1

1. Kinder finden unübersichtliche Gärten mit verschiedenen Versteckmöglichkeiten besonders interessant. Außerdem steigt der Wert eines Gartengeländes in ihren Augen, wenn dort immer wieder etwas Neues zu entdecken ist, zum Beispiel unterschiedliche Hölzer, Steine, aber auch Gegenstände, die durchaus schon etwas älter sein können: z. B. Wannen, Eimer, Kisten oder Rohre.

2. Für den Träger einer Einrichtung, der besonders auch für den Unterhalt und die Pflege eines Außengeländes zuständig ist, spielen bei allen Fragen der **Gartengestaltung** neben sicherheitsrelevanten Erfordernissen (z. B. regelmäßige Wartung von Spielgeräten) besonders der Pflegeaufwand eine große Rolle: Rasenmähen, Schnitt von Bäumen und Sträuchern, Austausch des Spielsandes usw.

3. Die Bedürfnisse von Kindern, einen Garten als „Abenteuerplatz" und als „Werkstatt" nutzen zu wollen, steht in einem deutlichen Widerspruch, das Außengelände stets möglichst aufgeräumt und „pflegeleicht" zu halten. Insbesondere flexibel nutzbare Materialien wie Bretter, Ziegel und andere Dinge werden durch die Aktivitäten der Kinder oft auf das ganze Gelände verteilt, was nach wie vor nicht selten zu Konflikten mit einem Hausmeister oder einer Firma führt, die mit der Gartenpflege beauftragt ist.

## Aufgabe 2.2

**Das Gelände weist eine abwechslungsreiche Modellierung auf: ebene Flächen, Hügel, Wälle, Böschungen, Gräben und Mulden.**

- Für die Auseinandersetzung mit dem eigenen Körper sind Höhenunterschiede wichtig: eine Erhebung besteigen und hinunter springen, klettern, rutschen, laufen, sich balgen und wälzen, etwas überqueren und balancieren.
- Dazu kommt das Erlebnis, sich größer fühlen zu können, ein prickelndes Gefühl von Mut und Risikobereitschaft. Bewegung und Geschwindigkeit spüren, schweben und fliegen, das Gewicht des eigenen Körpers spüren.
- Ergänzend sind Möglichkeiten zum Klettern, Schwingen, Schaukeln und Rutschen: Kletterbäume, Felsen, Pfahl- und Baumhäuser, Baumseile und Hängeleitern, Hangelbrücken.

**Eine facettenreiche Strukturierung schafft eine Vielzahl kleinerer Räume und Grenzflächen: Überschneidungen, Durch- und Übergänge.**

- Geheimnisvolle, abenteuerliche Winkel und Ecken, Höhlen und Gruben sind für die kindliche Entwicklung besonders wichtig: Raum zum Sich-geborgen-fühlen und für Rückzugsmöglichkeiten, Erfahrung selbst-bestimmten Tun,. Nischen für unterschiedliche Tätigkeiten und ungestörte Kommunikation.
- Durchgänge, Fenster und „Türen" machen neugierig, lenken Blick und Bewegung weiter, regen die Fantasie an, helfen aus „Sackgassen" herauszufinden.
- Unterschiedlich gestaltete Kleinräume, Plätze und Wände bedeuten optische, akustische und haptische Abwechslung: verschiedene Bodenbeläge und -strukturen wie Wiese, Erde, Sand, Stein, Kies, Holzpflaster, Waldboden, Kriechtunnels, Pflanzenhäuser, kleine Sitzplätze und enge Wege.

## 6.1 Lösungen und Erklärungen

**Das Angebot an unterschiedlichen (Natur-) Materialien ist groß und vielfältig. Groben und ungeformten Materialien mit vielseitigen Verwendungsmöglichkeiten wird der Vorzug gegeben.**

- Neben Sand, Erde, Blättern von Bäumen und Sträuchern gibt es vielerlei Steine, Äste, Holzstücke, Bretter, Backsteine und Pflanzen, deren Blüten und Früchte verwendbar sind. Wasser kann an einem Brunnen gepumpt oder aus einem Becken geschöpft werden. Durch selbst verlegte Rohrleitungen oder über Rinnen und Behältnisse lässt es sich verteilen und vielfältig nutzen.
- Mit Werkzeugen und Hilfsmitteln werden Materialien transportiert, zusammengefügt oder verändert. Fundstücke aus Abstellkammern, Stoffe und Tücher, Schnüre und anderes mehr verändern immer wieder ihre Bedeutungen im (Rollen-) Spiel: Verarbeiten von Erlebnissen und Erfahrungen in einer anregenden und dennoch vertrauten Umgebung

**Jahreszeitliche und alterungsbedingte Veränderungen werden sichtbar und bleiben nachvollziehbar: Pflanzen verändern sich im Jahresverlauf, Dinge dürfen mit uns alt werden.**

- Das Aufblühen und Verwelken einer Nachtkerzenblüte, die aufgeschreckte Brutpflege in einem zufällig entdeckten Ameisennest, eine Kapuzinerkresse erfriert über Nacht oder der überraschende Duft der Blüten des Winterschneeballs zwischen Eiskristallen sind nur kleine Beobachtungen, aber sie machen das Verstreichen von Zeit und natürlichen Zyklen deutlich.
- Einige Beete zum Anpflanzen von Blumen, Kräutern, Erdbeeren, Gemüse oder bei Brachflächen als Beobachtungsmöglichkeit: Wildpflanzen siedeln sich an, entwickeln sich oft ganz unerwartet, überraschen uns mit nach Nahrung suchenden Kleintieren.
- Zu jeder Jahreszeit bietet der Garten andere Eindrücke und Erlebnisse, Spielmaterialien und Anregungen. Was lebt hier? Was ist denn das schon wieder? Was passiert, wenn es Winter wird? Muss das sterben? Was ist nachher? Abschied und Trauer, Hoffnung und Zuversichtlichkeit sind Gefühle, die dabei entstehen können.

**Ungeordnetes und nicht-festgelegte Bereiche spielen eine zentrale Rolle: Betonung des Werkstatt-Charakters.**

- Verzicht auf eindeutige Funktionszuweisungen der Bereiche, stattdessen Benennung nach dem Augenschein oder Namensgebungen der Kinder, z. B. „im Kröteneck" oder „in der Bärenhöhle", zeigt das Ortsnamen verändert werden können.
- Zulassen oder Fördern von Spontanvegetation, Betonung des Zufälligen und Beiläufigen (kein Müll!). Beobachten, was „von selbst" passiert: Neugier, Ungeduld, Störung, Eingriff, Schutz, Überraschung.
- Statt des Zwangs zum Aufräumen und Wegordnen der Dinge bestimmt – jedenfalls in manchen Bereichen – ein fröhliches und lebendiges Chaos das Geschehen: Anregung zum Verändern oder Weiterbauen. Lust am Experiment, Erproben spontanen Szenenwechsels.

Die Ausrichtung der Gartengestaltung und -pflege nach ökologischen Gesichtspunkten ist selbstverständlich, aber zweitrangig: Pädagogische Überlegungen haben Vorrang.

- Verwendung überwiegend heimischer Pflanzen, große Artenvielfalt. Auswahl von Pflanzen, die mehrfach von Nutzen sind: als Wind-, Sicht- und Lärmschutz, als Schattenspender, zum Klettern und Bespielen; Verwendbarkeit von Blüten, Blättern, Früchten und Samen; als Wildobst oder Wildgemüse; zum Betasten und Riechen; Stängel und Zweige für die Vase oder zum Flechten.

- Nahrungsquelle und Lebensraum für verschiedene Vögel und andere Kleintiere, Schaffung unterschiedlicher Biotope: z. B. Magerstandorte, Feuchtbereich, Moosplätze, Trockenmauer, Totholzhaufen.

- Bodenbearbeitung und Pflegemaßnahmen nach Prinzipien des biologischen Gartenbaus, also bspw. vollständiger Verzicht auf sog. Pflanzenschutzmittel und chemisch-synthetische Düngemittel. Jedes naturnahe Element ist nicht nur vielseitig bespielbar, sondern gleichzeitig ein Biotop.

**Fragen von Gesundheitsrisiken und Unfallgefahren werden nach Maßgabe gesetzlicher Sicherheitsnormen im Einzelfall sorgfältig abgewogen: Risiken sollen nicht generell ausgeschaltet, sondern für die Kinder kalkulierbar werden.**

- Risiken sind unverzichtbare Bestandteile bei vielen attraktiven Spielmöglichkeiten und spielerische Risiken gehören notwendigerweise zur Entwicklung körperlicher und psychischer Fähigkeiten.

- Schutz vor Sicherheitsrisiken ist vor allem dort notwendig, wo eine Gefahr für Kinder nicht einzuschätzen ist. Umfassende Sicherheit kann es ohnehin nicht geben, und sie sollte auch nicht angestrebt werden.

- Gesetzliche Sicherheitsvorschriften sind vor allem zu beachten bei:
  Spielgeräten (DIN EN 1176 „Spielgeräte" und DIN EN 1177 „Spielplatzböden"), Verwendung von Wasser (DIN 18034 sowie geltende Hygienevorschriften) und Giftpflanzen (DIN 18034).

## Aufgabe 2.3

| Pflanze | Temperatur | Helligkeit | Feuchtigkeit | Nährstoffbedarf |
|---|---|---|---|---|
| Thymian | 2 | 1 | 1 | 1 |
| Wurmfarn | 3 | 3 | 2 | 1 |
| Echte Kamille | 2 | 1 | 1 | 1 |
| Tomate | 1 | 1 | 2 | 3 |
| Schnittlauch | 3 | 1 | 2 | 3 |
| Brunnenkresse | 3 | 2 | 3 | 1 (2) |
| Erbse | 2 | 2 (1) | 2 | 2 |
| Schafgarbe | 3 | 1 | 1 | 1 |
| Brennnessel | 3 | 2 | 2 | 2 (3) |

Diese Angaben verstehen sich allerdings nur als Richtwerte. Um die betreffenden Pflanzen erfolgreich kultivieren zu können, spielen auch andere Faktoren eine Rolle. So hält ein stark lehmiger, „schwerer" Boden die Feuchtigkeit besser als ein sandiger. Man sollte dann auch

## 6.1 Lösungen und Erklärungen

bei Pflanzen mit einem höheren Wasserbedarf weniger oft gießen. Umgekehrt wird man beispielsweise auch Thymian oder ähnlich Trockenheit verträgliche Pflanzen an sehr heißen Tagen gelegentlich gießen, wenn der Standort sehr steinig und wasserdurchlässig ist. Entscheidend sind häufig die eigenen Erfahrungen, die man im Lauf der Jahre in einem Garten sammeln kann, weshalb man Rückschläge und Misserfolge auch nicht allzu ernst nehmen sollte.

### Aufgabe 2.4

Nach Auffassung der Autoren wird die gegenwärtige Situation von Kindern vor allem bestimmt durch (vgl. Blinkert, 2005, S. 10):

– Veränderungen im Bereich von Ehe und Familie wie Berufstätigkeit beider Elternteile, immer mehr Alleinerziehende, häufiger als früher Einzelkinder

– neue Medien und Technologien, dabei zunehmende TV- und Computernutzung

– Zunehmende Einbindung der Kinder in Erziehungs-, Ausbildungs- und Freizeitinstitutionen („veranstaltete Kindheit")

– Verlust von „Aktionsräumen" (vgl. Definition in Kapitel 2.2.1)

### Aufgabe 2.5

1. Konkretes Risiko (Gefährdung), das unbedingt rechtzeitig bzw. im Vorfeld erkannt und nach Möglichkeit vermieden werden sollte:

– Gefährliche Wegverläufe an Straßen und Straßenquerungen

– Aufenthalt in windbruchgefährdeten Wäldern bei heftigem Wind bzw. Sturm

– Aufenthalt an abbruchgefährdeten Geländeteilen, Überhängen usw.

– Aufenthalt auf verbotenem bzw. nicht ausreichend gesichertem Gelände (z. B. Baustellen, Betriebsgelände, Verkehrsflächen)

– Gefahr des Ertrinkens, besonders bei Kindern, die (noch) nicht schwimmen können; dazu gehört auch der Aufenthalt auf nicht ausreichend tragfähiger Eisdecke auf einem Gewässer

– unmittelbare (!) Nähe zu Nestern von Wespen, Hornissen sowie Bienenstöcken

– Sonnenbrand bzw. zu starke UV-Strahlung

2. Unannehmlichkeit, die man nach Möglichkeit vermeiden sollte:

– Gewitter, Schlagregen, sehr starke Winde

– Nasswerden ohne Möglichkeit zum Trocknen bzw. Kleiderwechsel

3. Problemsituation, die nicht unbedingt vermieden werden sollte, die aber zu ihrer Bewältigung Wissen und Informiertheit sowie ein bestimmtes Engagement erfordert:

– Kontakt bzw. Beschäftigung mit Giftpflanzen

– Aufenthalt auf unwegsamem Brachland, morastigem oder felsigem Gelände

– Aufenthalt im Bereich (allgemein zugänglicher) Ruinen und vergleichbarer Baukörper

4. Allgemeines Risiko, das bei Ausflügen und beim Aufenthalt im Freien nicht oder kaum vermeidbar ist, auf das Sie aber im Einzelfall mit geeigneten Maßnahmen gut reagieren können:

- freilaufende Hunde
- Zecken (Zeckenbisse)
- Stiche durch Mücken, Wespen, Bienen oder Hornissen
- Stiche und Kratzer durch stachelige oder dornige Pflanzen
- Platzwunden und Abschürfungen
- Prellungen und Knochenbrüche

## Aufgabe 2.6

1. Ein Wald bietet sich als Spielfeld für **Naturerfahrungsspiele** aus mehreren Gründen an. Zunächst handelt es sich hier meist um ein Gebiet, das groß genug ist, um mit den Kindern einen Platz zu finden, in dem keine Störungen von Außen zu erwarten sind. Wichtiger ist aber vielleicht noch, dass ein Wald – sogar ein einförmiger Fichtenforst – immer gewisse Überraschungen bereit hält: Kein Baum gleicht völlig einem anderen und die stets begrenzte Sichtweite innerhalb des Waldes hält die Neugier aufrecht, auch dasjenige noch erkunden zu wollen, was die umstehenden Bäume verdecken. Ältere, abwechslungsreich strukturierte Wälder sind zudem Lebensraum für eine große Anzahl verschiedener, teilweise seltener Pflanzen und Tiere. Auch gibt es in solchen Wälder viele unterschiedliche Naturmaterialien wie Äste, Wurzeln, Zapfen usw., die Kinder zum Bauen und Spielen anregen.
Alles in allem ist die Vorliebe für den Wald als Spielraum also sicherlich sehr berechtigt. Andererseits sind Rasen- und Kiesflächen nicht nur für Spiele erwünscht, bei denen Bewegung und Schnelligkeit im Vordergrund stehen. Solche offenen Areale bieten auch andere Wahrnehmungs- und Entdeckungsmöglichkeiten bei Pflanzen, Tieren, Steinen.

2. Falls Sie diese Frage (noch) nicht beantworten können: Gehen Sie die Vorschläge in Kapitel 2.3.2 durch. Vielleicht finden Sie hier eine Spielidee, die Sie besonders interessiert, und die Sie gelegentlich selbst einmal ausprobieren können.

3. Eine „Suchliste" hat zwar durchaus den Charakter eines Arbeitsauftrages, aber bei einer Aufzählung von Dingen und Eigenschaften, deren Suche ganz unterschiedliche Ergebnisse zulässt und vielleicht sogar erfordert, überwiegen letztlich spielerische Aspekte: Neugier, Spannung und Wettstreit, Ergebnisungewissheit, Überraschungen.

## Aufgabe 2.7

Der **Uhu** könnte beispielsweise so vorgestellt werden:

- „Ich habe sehr große Augen."
- „Am liebsten esse ich Mäuse und Frösche, aber auch Nachtfalter sind mir recht."
- „Ich habe zwei Beine, aber meistens fliege ich."
- „Wenn ich fliege, hörst du kein Geräusch. Und die Mäuse hören mich auch nicht."
- „Aus irgendeinem Grund glauben die Menschen, dass ich sehr weise bin. Das schmeichelt mir natürlich sehr."

– „Ich lasse mich nicht gerne blicken. Meist hörst du nur abends und nachts meine lang gezogenen Rufe. Wenn du auch so rufst, kann es sein, dass ich dir antworte."

Überlegen Sie sich selbst einige weitere, ähnliche Tierbeschreibungen in der Ich-Form und stellen Sie Ihre Texte den Kindern, mit denen Sie arbeiten, vor. Dadurch merken Sie am besten, welche Informationen schnell – vielleicht auch zu schnell – verstanden werden und welche möglicherweise zu kompliziert sind. Die nötigen Hintergrundinformationen über heimische Wildtiere wie z. B. Fuchs, Eichhörnchen oder Marienkäfer finden Sie leicht in Bestimmungsbüchern oder im Internet.

## Aufgabe 2.8

Im Wesentlichen sind es drei Gründe, die dafür sprechen, das Thema Ernährung auch als natur- und umweltpädagogisches Thema anzusehen:

- Nahrungsauswahl, -aufnahme und Verdauung sind elementare Bestandteile aller Lebensvorgänge und damit auch Teil der menschlichen Natur *(biologische Betrachtungsweise der Ernährung)*.
- Über Auswahl, Produktion und Verarbeitung der Nahrungsmittel steht der Mensch in enger Beziehung zu zahlreichen Vorgängen in der Natur und beeinflusst so Lebensräume und andere Organismen *(ökologische Betrachtungsweise der Ernährung)*.
- Die Art und Weise unserer Ernährung ist untrennbar verknüpft mit sozialen Aspekten wie Lebensstil und Kultur, Fragen des Lebensgefühls bis hin zu Wohlbefinden und Gesundheit *(humanökologische Betrachtungsweise der Ernährung)*.

## Aufgabe 2.9

„**Kürbis**-Wissen"

1. Der größte Kürbis, der bislang (2008) in Deutschland geerntet werden konnte, wog 604 kg. Den bislang noch unübertroffenen Weltrekord stellte ein Farmer 2007 in den USA auf. Er brachte einen Kürbis mit 766 kg auf die Waage (vgl. Andres, 2009).
2. Richtig ist b. Genau genommen handelt es sich bei der Kürbisfrucht um eine Panzerbeere, da sie eine harte äußere Schale besitzt.
3. Essbare Kürbisfrüchte lassen sich auf verschiedene Weise zubereiten: dünsten, kochen, braten, backen (Kürbiskuchen). Seltener werden auch die Sprossspitzen und Blätter als Gemüse verwendet. Aus den Samen etlicher Arten wird Öl gewonnen, besonders wichtig ist hier der ‚Steirische Ölkürbis' („Kürbiskernöl"). Auch als Arzneipflanze wird der Kürbis gelegentlich genutzt. Daneben werden die Früchte seit langer Zeit ausgehöhlt und als Gefäße und Laternen verwendet.
4. Die Heimat der Kürbispflanze liegt vermutlich in Mittelamerika.
5. Erntereif ist ein Kürbis dann, wenn der Fruchtstiel trocken und verholzt ist. Das ist bei uns meist ab Ende September der Fall. Spätestens vor dem ersten Frost muss geerntet werden. Dann lässt sich die Frucht unter trocken-kühlen Bedingungen gut mehrere Monate lagern.

## Aufgabe 3.1

1. Sie haben es vermutlich erkannt: Es handelt sich um einen aufgeschnittenen Rotkohl-Kopf (Blaukraut).

2. Die unterschiedlich dicken und unterschiedlich stark gekrümmten Blätter zeigen im Detail nirgends einen exakt gleichen Verlauf bzw. ein exakt gleiches Aussehen. Dennoch ähneln sie sich stark und vermitteln sogar insgesamt den Eindruck einer hohen Regelmäßigkeit. Diese Ähnlichkeit von kleinen Bestandteilen mit dem Aussehen der Gesamtstruktur wird auch als „**Selbstähnlichkeit**" bezeichnet, die nicht nur in der belebten Natur zu finden ist. Allerdings gibt es im Pflanzen- und Tierreich besonders schöne und viele Beispiele wie etwa die Blätter von **Farnen**.
Hinzu kommt noch, dass natürliche Strukturen im Detail fast immer eine Vielzahl kleiner und kleinster Unregelmäßigkeiten und Abweichungen zeigen. Das macht ihre auch optisch wahrnehmbare Lebendigkeit aus und unterscheidet sie von künstlich gefertigten Dingen.

*Die meisten Farnblätter sind mehrfach gefiedert. Dabei wiederholt sich die Form des ganzen Wedels in der Gestalt der einzelnen Fiederblättchen.*

3. Eine Struktur wie die hier abgebildete kann Assoziationen mit Irrgärten und Labyrinthen wecken – nicht nur bei Kindern. Auch an vielfach gewundene Bach- und Flussläufe oder an Schlieren von farbiger Tinte in einem Glas Wasser lässt dieses Bild vielleicht denken.

4. Ein Kohlkopf zeigt ein solches Muster in allen möglichen Variationen – je nachdem, wie er aufgeschnitten wird. Mit Farbe angestrichen können diese Muster auch auf Papier gedruckt bzw. gestempelt werden. Aber natürlich könnten Sie ihn auch zum Kochen verwenden und mit den Kindern gemeinsam ein Gericht wie „Rotkraut mit Apfel" zubereiten. Im „Kohlheft" von Dagmar Arzenbacher (2006) finden Sie noch etliche weitere Anregungen.

## Aufgabe 3.2

Die Begriffe *Ökologie* bzw. ökologisch werden längst nicht nur im Zusammenhang wissenschaftlicher Forschungsarbeit verwendet, sondern sehr häufig auch, um in einer bestimmten Angelegenheit den Eindruck von richtigem, verantwortungsbewusstem Denken und Handeln zu erwecken. Aus diesem Grund werden diese Begriffe mittlerweile auch in allen möglichen Werbetexten eingesetzt – in oft irreführenden Aussagen, die mit der *Ökologie als Wissenschaft* kaum mehr etwas zu tun haben.

## Aufgabe 3.3

Während die allermeisten Pflanzen die **Energie** der Sonnenstrahlung über den Prozess der **Fotosynthese** selbst direkt nutzen können, benötigen Tiere zur Energiegewinnung entweder Pflanzen (Pflanzenfresser) oder tierische Organismen (Fleischfresser) als Nahrung. Auch wir Menschen nehmen die Sonnenenergie indirekt, über unsere Nahrung auf.

## Aufgabe 3.4

Die Ursache für die bunte **Herbstfärbung** der Blätter liegt darin, dass die Pflanzen den energiereichen grünen Blattfarbstoff, das **Chlorophyll**, aus dem Blattgewebe zurückziehen und gleichsam als Vorrat für das kommende Jahr einlagern. Die weniger energiereichen gelben

## 6.1 Lösungen und Erklärungen

**Carotinoide** sowie die bei den meisten Pflanzen vorwiegend erst im Herbst gebildeten roten Anthocyane bleiben zurück und lassen die Blätter nun gelb, braun oder rot erscheinen. Abhängig von der Pflanzenart, aber auch von Standort und meteorologischen Bedingungen wie etwa der Ausprägung des Gegensatzes von Tag- und Nachttemperaturen im Spätsommer und Herbst fallen die Farbtöne leuchtender oder gedeckter aus.

### Aufgabe 3.5

Bei den angegebenen Pflanzen handelt es sich um 1. die Walderdbeere, 2. die Wegwarte und 3. das Scharbockskraut.

Übrigens: Für Kinder haben die merkwürdig klingenden wissenschaftlichen Namen oft einen ganz besonderen Reiz, weshalb es durchaus sinnvoll sein kann, diese Bezeichnungen Kindern gegenüber zu erwähnen.

### Aufgabe 3.6

1. Die Frage, ob es sich bei einer bestimmten Pflanze um eine **Giftpflanze** handelt, ist in vielen Fällen deshalb nicht ganz leicht zu entscheiden, weil der Gehalt der (giftigen) Inhaltsstoffe einer Pflanze mitunter stark schwanken kann. Das führt auch dazu, dass Untersuchungen der Giftigkeit (**Toxizität**) zu unterschiedlichen Ergebnissen und Bewertungen kommen. Dabei reicht die Palette von Pflanzen, deren Giftigkeit sehr gering oder sogar umstritten ist, bis hin zu Pflanzen, die allgemein als „Giftpflanzen" eingestuft werden, weil sie unabhängig von Standort und Wachstumsbedingungen einen teilweise hohen Anteil giftiger Substanzen aufweisen. Nach einer Schätzung von Frohne/Pfänder (2004, S. 3) kommen Pflanzenstoffe, die in irgendeiner Form giftig wirken, in mindestens 1.000 verschiedenen Pflanzenarten vor.

2. Pflanzen wie Tulpen, Thujen oder Schwalbenwurz werden zwar allgemein zu den Giftpflanzen gerechnet, weil sie entsprechend giftige Inhaltsstoffe besitzen, aber für Kinder stellen sie im Grunde keine Vergiftungsgefahr dar, da sie keine Früchte besitzen, die zum Probieren oder Essen „auffordern". Auch wenn jüngere Kinder gelegentlich Blätter oder Triebe dieser Pflanzen in den Mund nehmen, ist eine Vergiftung aufgrund der geringen Giftkonzentration nicht zu erwarten.

3. Während eine akute Vergiftung zu relativ rasch auftretenden Symptomen wie Übelkeit, Erbrechen, Schwindelgefühle usw. führt, bewirkt eine chronische Vergiftung einen schleichenden Prozess der Schädigung. Dies würde aber bei einer Vergiftung durch Pflanzen voraussetzen, dass ein Kind über einen gewissen Zeitraum mehr oder weniger regelmäßig **Pflanzengifte** in einer Menge aufnimmt, die zwar keine Symptome einer akuten Vergiftung auslösen, aber nach und nach innere Organe schädigen. Ein solches Geschehen kann als sehr unwahrscheinlich angesehen werden.

### Aufgabe 3.7

Linke Abbildung:
Der **Seidelbast**, Daphne mezereum, besitzt zwar wunderbar duftende Blüten, enthält aber vor allem in seinen leuchtend roten, kugeligen Früchten stark giftige Substanzen. Die meist kaum einen Meter hohen Seidelbaststräucher wachsen gerne in lichten Wäldern und an Waldrändern. Sie blühen im zeitigen Frühjahr, ihre Früchte reifen im Juli und August.

Rechte Abbildung
Das **Pfaffenhütchen**, Euonymus europaeus, ist in manchen Gebieten ein häufig vorkommender Strauch. Er wächst meist an sonnigen Waldrändern und in Hecken, und wird wegen der attraktiven Früchte manchmal auch als Zierstrauch gepflanzt. Die sehr auffälligen orange-purpurfarbenen Früchte besitzen für Kinder einen hohen Aufforderungscharakter. Da die ganze Pflanze giftig ist, darf dieses Gehölz in Außenanlagen von Kindertagesstätten grundsätzlich nicht verwendet werden.

## Aufgabe 3.8
Wichtig erscheint hier, dass Kinder keineswegs nur mit Katzen und Hunden zu tun haben, auch wenn das besonders nahe liegend erscheint. *Haustiere* mögen in einer Auflistung zwar an die erste Stelle gesetzt werden, aber schon hier kommen eine ganze Reihe weiterer Arten ins Spiel. Eine grobe Gliederung nach Interessensschwerpunkten und Situationen, in denen eine intensivere Auseinandersetzung mit Tieren stattfinden kann, lässt uns vier Gruppen von Tieren unterscheiden:

- **Haustiere**, die zum Vergnügen gehalten werden: Katze, Hund, Meerschweinchen, Kaninchen sind dabei vor allem als **Streicheltiere** von Bedeutung, aber in etlichen Haushalten finden sich auch Aquarien und Terrarien mit Tieren, wobei Kinder an deren Betreuung teilweise beteiligt werden.

- Haustiere als **Nutztiere**: Auch Stadtkinder kennen zumindest die wichtigsten Nutztierarten wie Kühe, Schweine, Pferde, Schafe, Ziegen und Hühner. Gelegenheiten, die Haltung solcher Tiere auf einem Bauernhof unmittelbar kennenzulernen, sind allerdings in den letzten Jahren seltener geworden.

- Eher größere **Wildtiere**, die sich höchstens beobachten lassen: verschiedene, auch heimische Tierarten in Zoos und Wildparks, Vögel (deren Beobachtung durch das Aufstellen von Futterhäuschen im Winter erleichtert werden kann) und Fische (wobei Kinder bei entsprechender Gelegenheit manchmal sehr ausdauernd versuchen, Fische zu fangen).

- **Kleintiere** im Boden und auf Pflanzen, im Wasser und in der Luft: vor allem verschiedene Käfer, Schmetterlinge, Libellen, Schnecken, Würmer.

Selbstverständlich sind auch andere Gliederungen denkbar. Die hier gegebene soll in erster Linie eine Anregung sein, wenn Sie dieses Thema mit Kindern vertiefen wollen.

## Aufgabe 3.9
Für die einzelnen Monate bieten sich beispielsweise folgende Tiererkundungen und -beobachtungen an, wobei je nach Witterungsverlauf gewisse Verschiebungen auftreten können:

- Januar: Vögel an Futterstellen, bei Schnee Tierspuren auf Feldern und im Wald,
- Februar: Balzzeit der Enten und anderer Wasservögel, an sonnigen und milden Tagen manchmal Feuerwanzen, die sich „sonnen"
- März: Krötenwanderungen, Vögel an Nistkästen, erste Schmetterlinge
- April: Meist starke Vermehrung verschiedener Kleinlebewesen in Gewässern, sowie Entwicklung der Kaulquappen verschiedener Amphibienarten
- Mai: Zunehmende Aktivität verschiedener Insekten wie Käfer, Wanzen, Schmetterlingen, Fliegen, Bienen

## 6.1 Lösungen und Erklärungen

- Juni: Weiterhin zahlreiche Insekten, an warmen Abenden manchmal zahlreiche Glühwürmchen und Fledermäuse, in Tümpeln Molche und Teichfrösche
- Juli: Höhepunkt der Insektenvermehrung mit einer gebietsweise (Blumenwiesen!) großen Anzahl verschiedener Arten von Schmetterlingen, Käfern, Libellen, Hautflüglern und anderen Insekten
- August: Zeit des „Froschregens" (gebietsweise Massenwanderung kleiner Grasfrösche aus ihren Laichgewässern in ihre Überwinterungsareale – manchmal auch schon Ende Juli), an heißen Tagen viele aktive Eidechsen
- September: „Altweibersommer" (kleine Krabbenspinnen und andere Spinnen lassen sich an langen Fäden durch die Luft treiben), je nach Tagestemperaturen deutlich weniger Insekten
- Oktober: Bestimmte Tiere legen Wintervorräte an, Igel sollten Mitte des Monats ihr Überwinterungsgewicht erreicht haben (mindestens 400 g)
- November: nur noch wenige aktive Insekten – Fraßgänge an Blättern und Zweigen als manchmal einzige Spuren, z. B. Borkenkäferfraßbilder an Holzstämmen
- Dezember: mancherorts große Schwärme von Saatkrähen als Wintergäste aus osteuropäischen Ländern („Überwinterungsgesellschaften"), bei Schnee Suche nach den Spuren verschiedener Wildtiere

### Aufgabe 3.10
Einige andere, weit verbreitete „Anthropomorphismen" über Tiere, sind:
eine „ameisenhafte Geduld und Ausdauer", die „listige (falsche) Schlange", „plump wie ein Elefant", die „weise Eule", aber auch die Eule als „Totenvogel" oder „Leichenhuhn", der Adler als „König der Lüfte" und „mit Adleraugen" sehen können, ein „stolzer Pfau", ein „dummes Huhn", eine „eitle (dumme) Gans", „lammfromm", „hündische Ergebenheit", der „stumme Fisch", die „falsche Katze", der „dumme Ochse", der „störrische Esel", das „edle Pferd", der „gierige (grausame) Wolf", die „Friedenstaube".
Auch wenn diesen Wendungen und Zuschreibungen bestimmte Verhaltensweisen dieser Tiere zugrunde liegen, so wurden diese Beobachtungen doch so stark mit menschlichen Empfindungen, Denkstrukturen und Verhaltensweisen gleich gesetzt, dass die eigentliche Ursache des tierischen Verhaltens nicht weiter beachtet oder sogar völlig falsch interpretiert wird.

### Aufgabe 3.11
**Bienen** sind für uns Menschen vor allem als Bestäuber von Obstgehölzen und anderen Nutzpflanzen von großer wirtschaftlicher Bedeutung. Etwa 90% der Obstbäume werden durch Bienen (Honigbiene sowie viele Wildbienenarten) bestäubt. Durch diesen Prozess gelangen die Pollenkörner der männlichen Blüten auf die Narbe des Fruchtblatts der weiblichen Blüten. Ein für Bienen ungünstiger Witterungsverlauf im Frühjahr bedeutet regelmäßig eine starke Beeinträchtigung der Obsterträge des jeweiligen Jahres.
Neben den Bienen sind an dieser Bestäubung in geringerem Umfang auch Hummeln, Schwebfliegen und andere Insekten beteiligt.
Die Tatsache, dass Imker die Honigbiene auch zur Gewinnung von Honig nutzen können, ist demgegenüber weit weniger wichtig.

## Aufgabe 3.12

Die Entscheidung, dem **Angst** oder **Ekel** auslösenden Tier oder einer bestimmten Situation grundsätzlich auszuweichen, mag zwar im Einzelfall richtig sein, aber es ist sicherlich keine sinnvolle pädagogische Haltung, wenn Sie Kindern einen möglichst umfassenden Zugang zu Umwelt und Natur ermöglichen wollen. Naturerlebnisse und Umweltbildung im weitesten Sinn werden immerhin durch möglichst viel „originalen" Kontakt mit der lebendigen Natur am nachhaltigsten und besten vermittelt. Dabei wäre es unaufrichtig, nur an eine gefällige, romantisch verklärte Natur zu denken und alles Ängstigende, Unangenehme auszuklammern. Vielmehr kommt es darauf an, sich auch Angst und Ekel bewusst zu machen und aushalten zu lernen. Kinder erfahren dann, dass solche Gefühle sein dürfen, dass sie kein unpassendes Verhalten darstellen und nicht mit zusammengebissenen Zähnen unterdrückt werden müssen.

Selbstverständlich ist im Einzelfall stets abzuwägen, was Sie einem Kind – und sich selbst – zumuten können, denn Natur- und Umweltpädagogik sollte in erster Linie eine positive Haltung gegenüber unserer Umwelt vermitteln.

## Aufgabe 3.13

1. Eine recht sinnvolle und gut nachvollziehbare Gliederung ordnet die verschiedenen mitteleuropäischen **Biotope** nach landschaftsprägenden Merkmalen: z. B. Waldbiotope, Ackerbiotope, Fließgewässerbiotope, Siedlungsbiotope, Industriebiotope. Innerhalb dieser Gruppen werden beispielsweise bei den Siedlungsbiotopen unterschieden zwischen: Stadtkern (meist sehr dichte Bebauung und „**Flächenversiegelung**", Lebensraum vor allem für sehr gut an den Menschen angepasste Tier- und Pflanzenarten wie Tauben, Turmfalken, Mäuse, Mauerfugenvegetation), geschlossene Blockbebauung (oft nur kleine, begrünte Innenhöfe und Fassadenbegrünung, Artenvielfalt stark von der Nutzung der Höfe abhängig), aufgelockertes Wohngebiet (Vorgärten und Hausgärten mit teilweise altem Baumbestand, bei Verzicht auf allzu gepflegte Gärten manchmal große Vielfalt an Pflanzen und Tieren, vor allem Vögel). Will man noch genauer differenzieren, kann man kleinere Areale als eigenständige Biotope benennen. So gibt es etwa Rasen-, Ruinen-, Garten-, Brachland, Schotterweg- oder Friedhofsbiotope.

2. Auch in einem eher kleinen Außengelände einer Kindertageseinrichtung lassen sich verschiedene Biotope unterscheiden:

    – **Platten- und Mauerfugen**: verschiedene kleinere Blütenpflanzen, Gräser und Moose in den Fugen und Spalten, Lebensraum für Wärme liebende Tiere wie Ameisen bis hin zu Eidechsen.

    – **Schotterrasen**: flachgründiger Boden mit hohem Sand- und Kiesgehalt, auf dem sich in sonniger Lage überwiegend wärmeliebende und – besonders in einem intensiv genutzten Garten – trittverträgliche Pflanzen entwickeln, v. a. Klee-Arten, Fingerkraut, Skabiose, Königskerze, Johanniskraut, Ochsenzunge und andere, im Sommer häufig besucht von Heuschrecken und Zikaden, Blütenkäfern und Tagfaltern, Wildbienen und Pflanzenwespen.

    – **Spielrasen**: meist extrem artenarme Rasenfläche mit nur wenigen Grasarten und einigen besonders robusten Blütenpflanzen wie Faden-Ehrenpreis, Löwenzahn, Gänseblümchen und Weißklee.

    – **Hecke**: mehr oder weniger dichter Gehölzstreifen aus einer oder mehreren Straucharten. Am Boden manchmal zahlreiche Wildstauden wie Giersch, Immergrün, Efeu, Akeleien, Veilchen, Storchschnabel, an nährstoffreichen und verwilderten Stellen auch

Brennnesseln, Große Klette und andere. Lebensraum für Vögel, Erdkröten und viele verschiedene Insekten, Würmer und Spinnentiere

- **Pflanzbeete**: In einer tiefgründigeren und oft zusätzlich gedüngten Gartenerde gedeihen nicht nur die Kulturpflanzen, sondern auch zahlreiche andere, die eher unerwünscht sind („Unkraut"): Franzosenkraut, Melde, Ackerkratzdistel, Brennnessel, Vogelknöterich und viele andere mehr. Eine Vielzahl von Kleintieren finden in den Blüten von Gemüse- und Unkräutern reichlich Nahrung.

- **Brachland**: ein gelegentlich verwilderter Randbereich an Zäunen, wo Baumsämlinge und Wurzelausläufer verschiedener Sträucher wie Forsythien, Hartriegel und anderen sowie größere Blütenstauden wie Weidenröschen, Nachtkerzen, Sonnenblumen, Weidenblattaster oder Goldrute einen dschungelartigen Bereich bilden. Bei entsprechender Größe und Artenvielfalt ein besonders attraktiver Lebensraum – nicht nur für verschiedene Wildtiere, sondern gerade auch für Kinder.

Diese Aufzählung ließe sich noch fortsetzen, aber hier geht es nicht um Vollständigkeit, sondern um eine Orientierungshilfe. Wichtiger als die exakte Zuordnung eines bestimmten Areals zu einer der genannten Biotoptypen ist auch, die Beschreibungen dieser Kleinlebensräume zum Ausgangspunkt für die nähere Erkundung des eigenen Gartengeländes zunutzen. Das regt Kinder zu vielfältigen Ideen, eigenen Aktivitäten und Fragen an.

## Aufgabe 3.14

Aus ökologischer Perspektive kann die **Hecke** bzw. ein Heckenbiotop auch als „doppelter Waldrand" bezeichnet werden, weil der Gehölzbereich einer Hecke auf beiden Seiten an andere Biotopstrukturen wie etwa Wiese, Ackerfläche oder Gartengelände grenzt. Im Inneren einer gut entwickelten Hecke herrschen zudem kleinklimatische Bedingungen, die sich an die Situation eines Wäldchens annähern: Schatten, etwas niedrigere Temperaturen und eine höhere Luftfeuchte.

## Aufgabe 3.15

Abgesehen von bestimmten Vorsichtsmaßnahmen, die mit der Größe des Gewässers und der Übersichtlichkeit des Geländes zu tun haben („in Sichtweite bleiben", „nur hier ins Wasser gehen" usw.), gibt es ein paar weitere Grundregeln, die Sie im Vorfeld einer **Gewässererkundung** mit den Kindern besprechen und klären sollten:

- „Die Lebewesen, die wir hier finden, behandeln wir vorsichtig, um sie nicht zu verletzen oder gar zu töten."

- „Die Tiere, die wir aus dem Wasser fischen, können nur unter Wasser atmen (jedenfalls die allermeisten!). Deshalb tauchen wir den Kescher mit den gefangenen Tierchen möglichst schnell in unser Sammelgefäß (Eimer, Dose – gefüllt mit Wasser aus dem Tümpel oder Bach) und schütteln den Kescher ein wenig, damit die Tiere ins Gefäß schwimmen."

- „Wir stellen unser Sammelgefäß immer an einen schattigen Platz, damit sich das darin Wasser nicht zu stark erwärmt."

- „Nach etwa einer halben Stunde (abhängig von der Größe der Sammelgefäße und der Tagestemperatur) bringen wir die Tiere wieder zurück, indem wir unser Gefäß mit den gefangenen Tieren wieder in den Tümpel (Bach) leeren."

Zusätzlich werden Sie sicherlich noch darauf achten, dass nach Beendigung einer solchen Gewässererkundung nichts im Gelände liegen bleibt. Gerade die Kescher gehen erfahrungsgemäß rasch verloren, weshalb Sie am Schluss am besten gemeinsam mit den Kindern nochmals überprüfen, ob noch alle Hilfsmittel vorhanden sind.

Falls Sie übrigens Kindern die Gelegenheit geben wollen, das eine oder andere der gefangenen Tiere zu zeichnen oder zu fotografieren (was zu interessanten und wertvollen Ergebnissen führt), sollte das auch an Ort und Stelle geschehen, um die Tiere anschließend rasch wieder in ihr Gewässer zurückgeben zu können.

## Aufgabe 4.1

1. Diesen drei Arten von Niederschlägen haben gemein, dass sich in der Atmosphäre mehr Wasser befindet, als die Luft aufnehmen und halten kann. Dabei kann die Luft umso mehr Wasser aufnehmen, je wärmer sie ist. Kühlt sich die Luft ab, kondensiert der überschüssige Wasserdampf und gelangt je nach den Temperaturverhältnissen in Form von Regentropfen, Schneekristallen oder Eiskörpern auf die Erde. Die Bildung von Schneekristallen und Eiskörnern erfolgt dabei in den höheren, meist kälteren Luftschichten. Damit sind die **Luftfeuchte** und die **Lufttemperatur** zwei entscheidende meteorologische Elemente.
Interessant und für Kinder gut nachvollziehbar ist außerdem die stark unterschiedliche Fallgeschwindigkeit: Während Schneeflocken aufgrund des hohen Luftwiderstandes sehr langsam zu Boden sinken (ungefähr 4 km/h), sind Regentropfen deutlich schneller (etwa 20 km/h). Am schnellsten sind die geschossähnlich auf die Erde prallenden Hagelkörner, die noch viel höhere Geschwindigkeiten erreichen können.

2. Da Leitungswasser („Süßwasser") deutlich leichter ist als Salzwasser, kommt es zunächst zu keiner Durchmischung der beiden Wasserarten. Das lässt sich gut sehen, wenn Sie das Salzwasser vor dem Experiment gefärbt haben. Erst nach und nach mischen sich die Wassermoleküle, wobei dieser Prozess je nach Wassertemperatur sehr lange dauern kann.

3. Die Siedetemperatur des Wassers liegt unter „Normalbedingungen" bei 100 °C. Allerdings hängt der Siedepunkt stark vom Luftdruck ab. Da dieser wiederum höhenabhängig ist und mit zunehmender Höhe sinkt, hat man es je nach Standort mit unterschiedlichen Siedetemperaturen zu tun. Als Faustregel gilt: Der Siedepunkt des Wassers liegt pro 300 Höhenmeter um jeweils etwa ein Grad niedriger. Das hat manchmal ganz praktische Auswirkungen: Da beispielsweise auf den Bergen der Luftdruck geringer ist, kocht das Wasser etwas früher bzw. schon bei niedrigerer Temperatur. Eier brauchen daher etwas länger, bis sie hart sind.

## Aufgabe 4.2

1. Die Tatsache, dass **Eis** leichter ist als Wasser, zeigt sich beispielsweise daran, dass Eisschollen auf der Wasseroberfläche schwimmen und nicht auf den Grund des Gewässers sinken.

2. Die ökologische Bedeutung der **Dichteanomalie des Wassers** liegt unter anderem darin, dass Gewässer nicht von unten her, sondern von oben zufrieren. Die dichtesten (schwersten) Wasserschichten sinken nach unten und ermöglichen so, dass Wasserpflanzen und –tiere auf dem Grund des Gewässers überleben können. Gleichzeitig wirkt die Eisschicht auf der Oberfläche isolierend und bremst die weitere Auskühlung und damit Eisbildung in den tieferen Schichten.

## 6.1 Lösungen und Erklärungen

3. Eine ganz mit Wasser gefüllte, verschlossene und in ein Gefrierfach gelegte Flasche kann platzen, weil sich das Wasser beim Gefrieren ein wenig ausdehnt. Lässt die Flasche diese Ausdehnung nicht zu, springt oder platzt das Gefäß.

### Aufgabe 4.3

1. **Kalk** wird durch Säuren angegriffen und aufgelöst (chemischer Prozess). Zur Entfernung von Kalkablagerungen in Töpfen oder anderswo ist **Essig**, der unterschiedlich sauer sein kann, ein einfaches und zugleich völlig ungefährliches Mittel.
2. Da diese chemische Reaktion bei höherer Wärme rascher abläuft, ist es sinnvoll, den Essig zu erwärmen.
3. Die Verbräunung ist völlig unbedenklich, sie wird durch den Sauerstoff in der Luft verursacht (**Oxidation**). Wenn es dennoch stören sollte: Ein wenig Zitronensaft oder Essig bremst oder verhindert das Braunwerden der Schnittfläche.
4. Spülmittel bestehen aus Molekülen mit zwei unterschiedlichen Seiten. So können sie sich einerseits an Schmutz- und Fettpartikel binden, andererseits an die Wassermoleküle (und damit im Wasser löslich bleiben). So helfen sie, unerwünschte Schmutzteilchen mit dem Waschwasser abzulösen und zu entfernen.
5. Ein hart gekochtes Ei hat sich in seinem Inneren (Molekülstruktur) ein für allemal verändert. Aus einem hart gekochten Ei kann nie wieder ein rohes Ei werden.
6. Hefeteig enthält unzählige Hefebakterien. Das sind kleinste Lebewesen, die sich rasch vermehren und den Teig „aufgehen" lassen. Sie reagieren aber sehr empfindlich auf Kälte und Zugluft. Wird es kalt, können sie sich nicht mehr richtig entwickeln und der Teig fällt zusammen.

### Aufgabe 4.4

1. Als „**Flusstrübe**" bezeichnet man die festen Teilchen, die im Wasser eines Flusses in der Schwebe gehalten werden. Das Wasser schimmert dadurch milchig und je nach Herkunft und Zusammensetzung der Teilchen in einer bestimmten Farbtönung.
2. Die fein verästelten Figuren sehen zwar aus, als würde es sich um Abdrücke von Pflanzen handeln, aber sie entstehen auf anorganische Weise durch rein chemische Prozesse aus Eisen und Mangan. Man nennt diese Figuren **Dendriten** („Bäumchen").
3. Bei „**Katzensilber**" handelt es sich meist um das Mineral Muskovit, einen sogenannten hellen Glimmer, der ganz flache, plattige und silbrig glänzende Kristalle bildet. Mit echtem Silber hat das nichts zu tun.
4. **Tropfsteine** entstehen, wenn stark kohlensäurehaltiges und kalkhaltiges Wasser aus Gesteinsfugen austritt. Dabei entweicht das Kohlendioxid als Gas, es kommt zur Ablagerung von Calciumcarbonat. Je nach Bildungsform unterscheidet man Stalaktiten (von der Decke hängend), Stalagmiten (vom Boden durch ständiges Auftropfen kalkhaltigen Wassers nach oben wachsend) und Stalagnate (durchgehende Säulen). Ein Merkspruch für Kinder: „Die Stalaktiten kommen von der ‚T'ecke und die Stalagmiten wachsen mit dir mit".
5. Die Bänderungen von Kieselsteinen sind meist darauf zurückzuführen, dass das betreffende Gestein in früheren Zeiten durch Spannungen Spalten und Risse bekommen hat, die dann durch die Neubildung von winzigen Kristallen und andere Füllungen wieder „verheilt" sind. Häufig finden solche Risse und Füllungen mehrfach und in unterschied-

lichen Richtungen statt, und wenn das betreffende Gestein irgendwann in großen Blöcken abbricht und in einem Fluss weiter zerkleinert und gerundet wird, kommt es zu diesen auffällig gezeichneten Kieselsteinen, die deshalb auch als „**gequältes Gestein**" bezeichnet werden.

### Aufgabe 4.5

Vor allem feine, magnetische Sandkörnchen lassen sich später von einem **Magneten** mit der bloßen Hand kaum oder wenigstens nicht vollständig abstreichen. Es hilft, wenn Sie dafür einen zweiten, stärkeren Magneten einsetzen, den Sie hinter ein Blatt Papier halten, bevor Sie ihn dem „verunreinigten" Magneten annähern. Sobald die beiden Magnete einander nahe genug sind, werden die magnetischen Sandkörner vom stärkeren Magneten angezogen. Durch ihn bleiben sie auch dann am Papier haften, wenn Sie den ersten, schwächeren Magneten wieder abziehen.

Halten Sie das Blatt Papier nun über eine Schale und entfernen Sie jetzt den zweiten Magneten. Die Sandkörner fallen in die Schale, und auch der erste Magnet ist wieder frei von Sand. Falls die Sache beim ersten Mal nicht vollständig gelingt, wiederholen Sie den Vorgang.

### Aufgabe 4.6

1. Die höchsten **Wolken**, darunter die Cirrus- oder Federwolken, befinden sich in bis zu 13 Kilometer Höhe.

2. Diese Wolken deuten auf eine Wetterverschlechterung bzw. Abkühlung hin, besonders dann, wenn sie hakenförmig ausgeprägt sind. Aus diesem Grund werden sie gelegentlich auch als „Eiswolken" bezeichnet.

3. Der Donner ist die unmittelbare Folge einer Blitzentladung. Während uns das Licht des Blitzes mit Lichtgeschwindigkeit erreicht (rund 300.000 Kilometer pro Sekunde), breitet sich der Donner als Druckwelle mit Schallgeschwindigkeit aus (rund 340 Meter pro Sekunde). Wenn wir nun nach dem Aufleuchten eines Blitzes die Sekunden bis zum Donnerschlag zähen und das Ergebnis mit 340 multiplizieren, können wir die Entfernung des Gewitters schätzen. Können war also nach einem Blitz im Sekundentakt bis neun zählen, beträgt die Entfernung des Gewitters ungefähr 9 mal 340 Meter, also etwa drei Kilometer.

4. Ein solches Abendrot kündigt für den darauf folgenden Tag Schönwetter an.

5. Kondensstreifen sind genau genommen Wolken, da der vom Flugzeug ausgestoßene Wasserdampf in einer kalten Umgebungsluft kondensiert, also feine Tröpfchen bildet. Bei geringer Luftfeuchte lösen sich diese Kondensstreifen relativ rasch wieder auf, andernfalls bleiben sie lange zu sehen, werden breiter und flockig. Bei starkem Flugverkehr kann dadurch eine diffuse Cirrusbewölkung entstehen, die den ganzen Himmel überzieht.

6. Glatteis entsteht bei zunehmender Erwärmung, wenn der Boden noch gefroren ist, während Regen – bedingt durch ein Tauwetter – auf diesen Boden fällt und sofort zu Eis gefriert.

7. Da Spinnen nicht beliebig viel Spinnenseide produzieren können, benötigen sie gutes Wetter, wenn ihre Mühe Erfolg bringen soll. Aus diesem Grund stellen sie den Netzbau bei Regenwetter ein. Umgekehrt gilt mit großer Sicherheit, dass das Wetter anhaltend trocken wird, wenn sie sich wieder an das Weben ihrer Netze machen.

## Aufgabe 4.7

Die Antworten auf die Fragen nach der Natur des **Regenbogens** führen unmittelbar zu den Eigenschaften und physikalischen Erklärungen dieser wunderbaren und keineswegs immer gleich aussehenden optischen Erscheinung in unserer Atmosphäre.

1. Am häufigsten ist ein Regenbogen in den späteren Nachmittagsstunden und meist unmittelbar nach einem Regen zu sehen, denn die Reflexion der Farben des Lichts erfolgt in den einzelnen Wassertropfen in sehr spitzen Winkeln.

2. Die Sonne steht einem Regenbogen stets gegenüber, das heißt, Sie haben beim Betrachten eines Regenbogens die Sonne genau in Ihrem Rücken.

3. Die Frage nach der Form des Regenbogens mag banal erscheinen, aber es gibt dabei ein interessantes Detail: Unter normalen Umständen kann ein Regenbogen nie größer sein als ein Halbkreis. Nur in besonderen Beobachtungssituationen, in denen es auch Sprühregen gibt, kann der Regenbogen noch ein wenig größer als ein Halbkreis sein.

4. Die Farben und vor allem ihre Anzahl können im Grunde nicht genau bestimmt werden, weil sie ineinander übergehen, in ihrer Deutlichkeit variieren und von verschiedenen Personen auch häufig unterschiedlich wahrgenommen werden. Meist sind drei Farbtöne vorherrschend: Violett, Grün, Rot.

5. Die Reihenfolge der Farben von innen nach außen ist stets dieselbe: Violett, Blau, Grün, Gelb, Orange, Rot.

## Aufgabe 4.8

1. **Sonnenbrand** in der Kindheit gilt als eines der Hauptrisiken, später an Hautkrebs zu erkranken. So beträgt zum Beispiel die Zahl der jährlich an dem besonders bösartigen Schwarzen Hautkrebs erkrankten Menschen in Deutschland jährlich etwa 100.000, wobei immer häufiger junge Menschen davon betroffen sind (vgl. Deutsche Hautkrebs Stiftung, 2009). Detaillierte, regelmäßig aktualisierte Informationen gibt u. a. das Bundesamt für Strahlenschutz heraus (www.bfs.de).

2. Ein **Sonnenschutzmittel** soll vor allem vor der UV-Strahlung schützen, wobei sowohl ein Schutz vor UV-B- als auch vor UV-A-Strahlung gegeben sein soll. Außerdem soll das Mittel rechtzeitig aufgetragen werden und im Kontakt mit Wasser wasserbeständig sein. Gerade für Kinder ist es allerdings nicht ausreichend, lediglich auf die Wirkung eines Sonnenschutzmittels zu vertrauen. Generell sollten Kinder der Sonneneinstrahlung nicht zu lange ausgesetzt und auch durch geeignete Kleidung (Kopfbedeckung) geschützt werden.

## 6.2 Einheiten, Maße und Umrechnungen

Es mag auf den ersten Blick ein wenig befremdlich erscheinen, sich im Rahmen umweltpädagogischer Fragestellungen mit physikalischen Einheiten und mathematischen Umrechnungsformen zu befassen, aber gerade eine intensivere Beschäftigung mit natürlichen Phänomenen erfordert häufig ein Vergleichen und Abschätzen von Größenverhältnissen aller Art. Kinder wollen beispielsweise wissen, wie lange eine Schlange sein kann, wie groß ein bestimmtes Gebirge ist oder wie viel Wasser sich in einem See befindet. Aus diesem Grund sollen hier nicht bloß die geläufigsten Längen-, Flächen- und Raumeinheiten aufgelistet, sondern vor allem solche Alltagsgrößen genannt werden, unter denen Kinder sich rasch ein eigenes Bild von den jeweiligen Dimensionen machen können. Einige Beispiele aus der Tier- und Pflanzenwelt runden diese Zusammenstellung ab und geben Ihnen Anregungen, selbst nach passenden Vergleichen Ausschau zu halten, wenn es darum geht, entsprechende Fragen von Kindern möglichst anschaulich zu beantworten.

### Längenmaße

Als „Basiseinheit" kann ein Meter (m) dienen. Diese Länge, die etwa der Körpergröße eines sechs- bis siebenjährigen Kindes entspricht, ist Kindern rasch vertraut. Gemessen wird mit verschiedenen Längenmessgeräten wie Lineal, Gliedermaßstab („Zollstock") oder Maßband.

Die kleineren Längeneinheiten wie Dezimeter, Zentimeter und Millimeter stehen zum Meter jeweils im Verhältnis 1 zu 10:

- 1 Meter = 10 Dezimeter (dm); 1 dm entspricht etwa der Länge einer kleineren Zauneidechse

- 1 Dezimeter = 10 Zentimeter (cm); 1 cm entspricht ungefähr der Breite eines Kinderfingers

- 1 Zentimeter = 10 Millimeter (mm); 1 mm entspricht etwa der Körperlänge einer kleinen Mücke

In die andere Richtung gibt es keine Bezeichnungen für die Länge von exakt 10 Metern oder 100 Metern, hingegen ergeben 1.000 Meter einen Kilometer (km).

### Flächenmaße

Auch hier gehen wir am besten von einem Meter aus, wobei wir als „Basiseinheit" den Quadratmeter (m2 oder veraltet qm) nutzen. Diese quadratische Fläche mit der Seitenlänge von genau einem Meter entspricht einem mittelgroßen Tisch oder einem größeren Poster oder Bild. Im Garten kann ein Quadratmeter zur Angabe über den Platzbedarf bestimmter Pflanzen dienen. So benötigt eine ausgewachsene Liebstöckelpflanze („Maggikraut") oder eine Pfingstrose ungefähr diese Fläche.

Die Umrechnung in die kleineren und größeren Flächeneinheiten geschieht jeweils im Verhältnis 1 zu 100:

- 1 Quadratmeter = 100 Quadratdezimeter ($dm^2$); 1 $dm^2$ entspricht etwa der Handfläche eines Erwachsenen

- 1 Quadratdezimeter = 100 Quadratzentimeter ($cm^2$); 1 $cm^2$ entspricht ungefähr der Fläche eines Fingerabdrucks

- 1 Quadratzentimeter = 10 Quadratmillimeter ($mm^2$); 1 $mm^2$ entspricht etwa der Öffnungen in einem Küchensieb

In die andere Richtung:

- 100 Quadratmeter = 1 Ar (a); eine früher verwendete Flächeneinheit, entspricht etwa der Fläche eines kleinen Gartens

- 10.000 Quadratmeter (100 mal 100) = 1 Hektar (ha); entspricht etwa einem Fußballplatz

- 1.000.000 Quadratmeter (100 mal 100 mal 100) = 1 Quadratkilometer ($km^2$); z. B. ein Waldstück

## 6.2 Einheiten, Maße und Umrechnungen

### Raummaße

Wenn wir bei den Raummaßen wieder vom Meter ausgehend als „Basiseinheit" den Kubikmeter ($m^3$ oder veraltet cbm) nehmen, haben wir einen relativ großen Körper vor uns, vergleichbar etwa einem würfelförmigen Holzstoß mit einer Seitenlänge von genau einem Meter. Handlicher ist es hier, den Tausendstel Teil eines Kubikmeters als „Basiseinheit" zu nehmen, den Kubikdezimeter ($dm^3$). Das entspricht einem Würfel mit der Seitenlänge von jeweils 10 Zentimetern oder 1 Dezimeter bzw. dem Inhalt eines Milchbeutels (Tetrapack) mit einem Liter Milch. Gerade weil ein Kubikdezimeter dem Hohlmaß von einem Liter entspricht, ist diese Größe auch im Alltag so wichtig.

Die Umrechnung in die anderen üblichen Raum- und Hohlmaße erfolgt im Verhältnis 1 zu 1.000:

- 1 Kubikdezimeter (1 Liter) = 1.000 Kubikzentimeter ($cm^3$); 1 $cm^3$ entspricht der Größe eines Spielwürfels

- 1 Kubikzentimeter = 1.000 Kubikmillimeter ($mm^3$); 1 $mm^3$ entspricht der Größe eines Stecknadelkopfs

Bei den Hohlmaßen, mit denen vor allem Flüssigkeitsmengen angegeben werden, haben sich zusätzliche Unterteilungen des Liters eingebürgert, da wir es vor allem in der Küche häufig mit unterschiedlich großen Kleinmengen zu tun haben:

- 1 Liter (1 Kubikdezimeter) = 10 Deziliter (dl); 1 dl entspricht der Flüssigkeitsmenge in einem Saftglas

- 1 Deziliter = 10 Zentiliter (cl); 1 cl entspricht der Flüssigkeitsmenge in einem halb vollen Likörglas

- 1 Zentiliter = 10 Milliliter (ml); 1 ml entspricht einem mittelgroßer Wassertropfen

### Maße für die Masse („Gewicht")

Wenn wir Gegenstände und andere Körper näher bestimmen wollen, spielt die Angabe der Masse – umgangssprachlich: „Gewicht" – eine zentrale Rolle. Als „Basiseinheit" gehen wir dabei am besten vom Kilogramm (kg) aus. Das entspricht ziemlich genau der Masse eines 1-Liter-Milchbeutels. Die Umrechnung in andere wichtige Einheiten der Masse erfolgt im Verhältnis 1 zu 1.000:

- 1 Kilogramm = 1000 Gramm (g); 1 g entspricht dem Gewicht eines halben Cent-Stücks

- 1 Gramm = 1.000 Milligramm (mg); 1 mg entspricht dem Gewicht eines kleinen Samenkorns oder der Menge Salz, die sich in einem Liter Süßwasser befindet – während ein Liter Meerwasser bis zu 50 g Salz enthält

In der anderen Richtung:
1.000 Kilogramm = 1 Tonne (t); entspricht der Masse eines kleineren PKW's

## 6.3 Glossar

**Aktionsraum** (für Kinder) = Bezeichnung eines für Kinder zugänglichen, räumlich abgrenzbaren und gefahrlosen Areals, in dem altersgemäße Bewegungs-, Handlungs- und Gestaltungsmöglichkeiten sowie Chancen auf Kontakte mit Spielkameraden bestehen (vgl. Blinkert, 2005, S. 10).

**Anaphylaktischer Schock** (umgangssprachlich: Allergischer Schock) = starke, durch *Allergene* ausgelöste Reaktion des Organismus, die zu einem Versagen des Herz-Kreislauf-Systems führen kann und sofortige ärztliche bzw. medizinische Versorgung erfordert. Insbesondere der starke Blutdruckabfall führt zu einer Verringerung der Durchblutung lebenswichtiger Organe. Erste Hilfe: *Schocklage* des Betroffenen und ggf. Adrenalinspray zur Verbesserung der Atmung. Bekannte Auslöser sind: Insektenstiche, Nahrungsmittel, Medikamente.

**Animismus** = Vorstellung, dass unbelebte Gegenstände und Naturgewalten, Pflanzen und Tiere eine Seele (anima) und ein Bewusstsein besitzen. Nach Piaget für Kinder besonders charakteristisch, obwohl ein solches Denken noch im Erwachsenenalter zu finden ist: ein „böses" Gewitter, ein „widerspenstiger" Computer.

**Anthropomorphismus** = Vorstellung, dass die uns umgebenden Dinge und anderen Lebewesen etwas Menschliches an sich oder in sich tragen (Vermenschlichung): die „fleißige" Biene, die „weise" Eule, das „dumme" Schaf.

**Arachnophobie** = Angst vor Spinnen. Ergebnisse jüngster Untersuchungen scheinen zu erhärten, dass diese Angst im Erbgut des Menschen tief verankert ist, möglicherweise als Relikt einer Zeit, in der Menschen über Generationen hinweg häufig in Höhlen wärmerer Länder lebten. Es scheint aber ebenso zu sein, dass Erziehung und Bildung gerade in der frühen Kindheit hilft, diese „Urangst" entscheidend zu verringern.

**Bakterien** = mikroskopisch kleine, meist einzellige Mikroorganismen, die keinen echten Zellkern, sondern stattdessen ein so genanntes Kernäquivalent besitzen. Bestimmte Bakterien sind zwar als gefährliche Krankheitserreger bekannt, prinzipiell spielen sie aber in der Natur in vielen Stoffkreisläufen und Stoffwechselprozessen eine unverzichtbare Rolle.

**Binäre Nomenklatur** = wissenschaftliches System der Benennung von Tier- und Pflanzenarten, das von Carl von Linné 1753 begründet wurde: Jeder Name eines Tieres oder einer Pflanze besteht demnach erstens aus dem Namen der *Gattung* und zweitens dem der *Art*, wobei eine Gattung stets die miteinander nahe verwandten Arten einschließt. Beispiel: Salvia pratensis (Wiesensalbei), Salvia officinalis (Echter Salbei) usw.

**Bionik** = Verbindung von *Biologie* und *Technik*, wobei gezielt und interdisziplinär nach solchen natürlichen Strukturen und Prozessen gesucht wird, die Vorbild für bestimmte technische Anwendungen sein können. Beispiel: Der „Lotus-Effekt" pflanzlicher Oberflächen als Vorbild für die Entwicklung von Fassadenverkleidungen oder Markisen, der „Klettverschluss" nach den Früchten der Großen Klette.

**Biosphäre** = jener Bereich unseres Planeten, in dem Organismen leben können: belebte Schichten des Bodens (Untergrund und Bodenoberfläche) einschließlich Höhlen und Gewässer sowie erdnaher Luftraum (Biosphäre im engeren Sinn), ggf. erweitert auf den unteren Teil der Atmosphäre als Flugraum der Vögel (Biosphäre im weiteren Sinn).

## 6.3 Glossar

**Biotop** = Lebensraum einer bestimmten Gemeinschaft von Pflanzen und Tieren. Definiert durch Faktoren wie Klima, Boden, Nahrungsangebot, und von der Umgebung mehr oder weniger deutlich abgegrenzt. Beispiele: Magerrasen, Hochmoor, Höhle, Trockenmauer, Hecke, Buchenwald, Waldtümpel, Flussufer.

**Biowetter** = Darstellung der Wetterereignisse hinsichtlich der Auswirkungen auf den menschlichen Organismus. Dazu gehören vor allem Pollenflugvorhersage, Windstärke, Wetterumschwung und Luftdruckänderung sowie UV- und Ozon-Messwerte. Häufige Symptome von Wetterfühligkeit: Kopf- und Narbenschmerzen, Migräne, Nervosität, Aggressivität.

**Borreliose** = durch Bakterien verursachte entzündliche und sich teilweise lange hinziehende Erkrankung, die unter anderem durch infizierte Zecken übertragen werden kann. Eine Impfung ist nicht möglich, weshalb es besonders darauf ankommt, die ersten Symptome rechtzeitig zu erkennen: kreisförmige und sich langsam nach außen ausbreitende Rötung an der Bissstelle 1 bis 16 Wochen nach dem Zeckenbiss. Die Borreliose ist sofort nach Beginn der Erkrankung ärztlich zu behandeln.

**Brachland** = nicht genutztes Gelände, auf dem sich im Lauf der Jahre Wildpflanzen ansiedeln, die wiederum als Nahrungsgrundlage für verschiedene heimische Kleinlebewesen dienen. Unter ökologischen Gesichtspunkten daher oft sehr wertvoll und für Kinder oftmals die interessantesten Areale für Entdeckungen aller Art.

**Chlorophyll** = „Blattgrün", eine Gruppe natürlicher Farbstoffe, die durch Mikroorganismen innerhalb des Pflanzengewebes erzeugt werden. Dabei wird der Grünanteil des Sonnenlichts (vgl. Spektralfarben) nicht bzw. nur zu einem geringen Teil aufgenommen, weshalb diese Pflanzen(teile) uns grün erscheinen.

**Dichteanomalie des Wassers** = die im Vergleich zu anderen Stoffen höchst ungewöhnliche und biologisch wichtige Eigenschaft des Wassers, sich in einem bestimmten Bereich der Abkühlung nicht weiter zusammenzuziehen, sondern sich wieder auszudehnen. Wasser hat sein geringstes Volumen bzw. größtes Spezifisches Gewicht bei einer Temperatur von 4°C.

**Epistemische Neugier** = spezifisches Neugierverhalten, das auf aktive Weise nach Einsichten und Wissen sucht. Typisch für viele Fragen von Kindern nach der Ursache oder Funktionsweise einer Sache.

**Evolution** (in der Biologie) = umfassende wissenschaftliche, auf Charles Darwin zurückgehende Theorie zur Erklärung der Entwicklung des Lebens und seiner vielfältigen Erscheinungsformen als Naturvorgang. Die Evolutionstheorie basiert auf drei notwendigen Voraussetzungen: Fähigkeit zur Replikation (Erneuerung bzw. Fortpflanzung), Variation (als schwankende „Kopiergenauigkeit") und Selektion (Auswahl). Zu den Grundaussagen der Evolutionstheorie gehört, dass Evolution immer und auf allen Ebenen der belebten Welt vom Molekül bis zum Ökosystem stattfindet.

**Explorationsverhalten** (in der Entwicklungspsychologie) = aktive Erkundung der Umwelt durch ein Kind. Dieses Verhalten ist auf Neugier zurückzuführen und dient vielfältigen Zwecken von der Bedürfnisbefriedigung bis hin zum Lösen bestimmter Fragen und Probleme.

**Fotosynthese** = biochemischer Prozess der Umwandlung von Kohlendioxid (Assimilation) und Wasser unter Einwirkung des Sonnenlichts in Traubenzucker und Sauerstoff. Der Ablauf findet innerhalb der Pflanzenzellen in den *Chloroplasten* statt. Die entsprechende Leistung einer Pflanze wird als Fotosynthesevermögen bezeichnet. Das für die Fotosynthese nutzbare Licht umfasst nur einen Teil des Strahlungsspektrums; es liegt im Wellenlängenbereich zwischen 380 nm (violettes Licht) und 710 nm (rotes Licht).

**Frühsommerenzephalitis** (FSME) = durch Viren verursachte Hirnhautentzündung, die unter anderem durch entsprechend infizierte Zecken auf den Menschen übertragen werden kann. Infektionsgebiete sind nur durch bekannt gewordene Infektionsfälle zu bestimmen, nur ein Bruchteil der Zecken gilt als infektiös.

**Gestein** = lockeres oder fest gefügtes, natürliches Gemenge von Mineralkörnern und/oder Bruchstücken anderer Gesteine, das in größeren Mengen vorkommt und eine allgemeine Verbreitung besitzt.

**Hyphen** = fadenförmige Zellen, aus denen die meisten Pilze aufgebaut sind. Als häufig weit und fein verzweigtes unterirdisches Netz stellt die Gesamtheit der Hyphen als sogenanntes Pilzmyzel den eigentlichen Pilz dar, der nur gelegentlich auffälligere Fruchtkörper wie etwa Pilzhüte ausbildet.

**Intrinsische Motivation** = Motivation, die erstens auf Zielen beruht, die sich das Individuum (Kind) selbst setzt, und zweitens ein Gefühl der Belohnung mit sich bringt, wenn diese Ziele aus eigener Anstrengung erreicht werden. Nach Jean Piaget ist dies ein elementarer Bestandteil in der Entwicklung der kognitiven Strukturen bei Kindern, die gerade in einer ansprechenden und anregenden Umwelt (noch) ohne jede Belohnung höchst motiviert sind, ihre Umgebung zu erkunden und auszuforschen.

**Kleinklima** (Mikroklima) = Bezeichnung für einen kleinen, gut umrissenen Bereich in der Ausdehnung von etwa 1 bis 100 m Durchmesser, für den ganz bestimmte meteorologische Bedingungen gelten, z. B. Terrasse, Waldlichtung, Schlucht, Hausfassade. Beispiel: Während in der Umgebung keine Weinrebe gedeihen würde, kann diese Wärme liebende Pflanze an einer geschützten Ecke am Haus oder Innenhof sehr erfolgreich kultiviert werden.

**Magnetismus** = Eigenschaft eines Magneten, magnetische Stoffe wie Eisen, Nickel und Kobalt innerhalb des magnetischen Feldes anzuziehen. Im Körper eingelagertes Magnetit gilt als mögliche Erklärung für das Orientierungsvermögen von Lebewesen (Wanderung von Zugvögeln).

**Mineral** = fester, chemisch einheitlicher und natürlich entstandener Körper, der als Bestandteil der Erdkruste auftritt. Heute sind über 3.000 verschiedene Minerale („Mineralien") bekannt, nur etwa 200 sind gesteinsbildend.

**Nahrungsnetz** = ökologisches Modell zur Darstellung der Nahrungsbeziehungen zwischen verschiedenen Lebewesen. Deutlicher als die einfache „Nahrungskette" bringt der Begriff „Nahrungsnetz" zum Ausdruck, dass der „Speisezettel" der meisten Tiere je nach Entwicklungsstand, Nahrungsangebot und Umweltbedingungen sehr unterschiedlich aussehen kann.

**Naturerfahrungsspiele** = Spiele im Freien, bei denen Naturwahrnehmung und Konzentration auf bestimmte Aspekte der Natur eine besonders große Rolle spielen. Teils auf das Ken-

## 6.3 Glossar

nenlernen, teils auf die Nachahmung von Pflanzen und Tieren bezogen. Durchführung je nach Spielregel paarweise oder in Gruppen, in vielen Fällen ganzjährig möglich.

**Ökologie** = Wissenschaft vom Stoff- und Energiehaushalt der Biosphäre sowie aller Wechselwirkungen ihrer Bewohner untereinander und mit ihrer abiotischen Umwelt.

**Pflanzenschutz** = Sammelbegriff für unterschiedliche Ansätze und Methoden, Kulturpflanzen vor Krankheiten und Schädigungen zu schützen. Zu unterscheiden ist zwischen *indirekten Schutzmaßnahmen* wie Bodenpflege, Wahl geeigneter Pflanzensorten etc. und *direkten Schutzmaßnahmen* wie dem Einsatz von bestimmten Hilfsmitteln und Präparaten. Während dabei der *konventionelle Pflanzenschutz* verschiedene chemisch-synthetische Mittel einsetzt, sind im *biologischen Pflanzenschutz* ausschließlich biotechnische und biologische Methoden und Mittel zugelassen: z. B. Leimtafeln zum Fang von Insekten, Vermehrung und Aussetzen von Nützlingen, stark riechende Substanzen zur Abwehr von Schadtieren usw.

**Plattentektonik** = Modell zur Erklärung der Verschiebung und Gestaltänderung der Kontinente nach Alfred Wegener, der in seinem 1913 veröffentlichten Werk „Von der Entstehung der Kontinente und Ozeane" davon ausgegangen war, dass sich die Kontinente wie riesige Platten frei auf einer zähflüssigen Masse im Inneren des Erdmantels bewegen.

**Selbstähnlichkeit** = Wiederholung einer bestimmten Form in kleinerem oder größerem Maßstab innerhalb derselben Gesamtstruktur. Beispiele: Farnblätter, deren einzelne Fiederblättchen in Umriss und Gliederung dem ganzen Blatt ähneln; Haufenwolken oder Federwolken, die in meist größeren Verbänden auftreten und deren einzelne Erscheinungsformen sich dann häufig im Bild der ganzen Wolkenformation wiederfinden.

**Selbstwirksamkeit** (in der Psychologie) = erfolgreiche Erfahrung der eigenen Körperkraft bzw. des eigenen Denkens. Die bewusste Erfahrung solcher Erfolge wirkt emotional stabilisierend und fördert das Selbstbewusstsein ebenso wie die soziale Kompetenz.

**Spektralfarben** = die durch Zerlegung („Brechung") des weißen (Sonnen-)Lichts sichtbar werdenden einzelnen, reinen Farbeindrücke, wie sie beispielsweise ein Regenbogen zeigt: violett, blau, grün, gelb, orange, rot. Physikalisch lassen sich die Spektralfarben durch ihre spezifischen Wellenlängen und Frequenzen unterscheiden.

**Stoffwechsel** = Aufnahme, Verarbeitung (Verdauung) und Ausscheidung von Stoffen, die dem Aufbau und der Aufrechterhaltung eines Organismus dienen. Neben den über die Nahrung zugeführten Stoffen wie Kohlenhydrate, Eiweiße (Proteine), Fette, Mineralstoffe und Vitamine spielen dabei vor allem auch körpereigene Produkte wie Enzyme und Hormone eine große Rolle.

**Symbiose** = Zusammenleben von zwei oder mehr Organismen, wobei sich für alle Beteiligten Vorteile ergeben. Beispiele: Flechte als enge Vergesellschaftung von Pilz und Alge; Darmflora der Wirbeltiere (und des Menschen) mit Bakterien und anderen Mikroorganismen, die davon leben, dass sie die in der Nahrung enthaltene Zellulose zerlegen und damit verdaulich machen.

**Tollwut** = durch Viren ausgelöste Infektionserkrankung, meist Hirnhautentzündung (Encephalitis), die beim Menschen ohne Behandlung tödlich verläuft. Übertragung meist durch Biss eines tollwütigen Tieres mit anschließender Verbreitung der Viren im Inneren der Nervenfasern bis hin zum Zentralnervensystem (Gehirn). Vorbeugende Impfung möglich, eine *Nachimpfung* nach einer Infektion muss sehr rasch erfolgen. In Deutschland gilt der Fuchs mit drei Viertel aller Tollwutinfektionen immer noch als Haupterreger, wobei die Zahlen aufgrund der Impfungen der Füchse durch Impfköder mittlerweile stark zurückgegangen sind. Übertragung auch durch zahlreiche andere Tiere möglich, z. B. Hund, Katze, Dachs, Waschbär.

**Toxizität** = Giftigkeit als Grad der schädigenden Wirkung durch eine Substanz. Unterscheidung zwischen akuter Vergiftung (rasch eintretende Wirkung) und chronischer Vergiftung (nach und nach auftretende Wirkung aufgrund mehrmaliger, anhaltender Einnahme einer Substanz bzw. häufigerem Kontakt mit einem Giftstoff). Prinzipiell gilt: Die Dosis macht das Gift.

**Treibhauseffekt** = Bezeichnung für einen mittlerweile unstrittigen Prozess der globalen, wesentlich auch vom Menschen verursachten Erwärmung der Atmosphäre und die durch den entsprechenden Klimawandel verursachten Veränderungen der Lebensbedingungen auf der Erde. Der vom Menschen verursachte bzw. verstärkte Effekt (anthropogen) geht vor allem auf die Freisetzung (Emission) von sechs Gasen zurück: Kohlendioxid ($CO_2$), Methan ($CH_4$), Fluorchlorkohlenwasserstoffe (FCKW), Distickstoffoxid ($N_2O$) und Ozon ($O_3$). Diese Gase, die unterschiedlich lange in der Atmosphäre verbleiben, stören den Wärmehaushalt der Atmosphäre, indem sie die notwendige Rückstrahlung von Wärme in das Weltall verringern.

**Umweltbewusstsein** = kognitive Auseinandersetzung eines Menschen mit seiner Umwelt und deren Belastbarkeit. Meist als übergeordneter Begriff verstanden, der in drei große Teilbereiche gegliedert wird: Umweltwissen, Umwelteinstellungen und tatsächliches Umweltverhalten.

**UV-Strahlung** (ultraviolette Strahlung) = kurzwelliger, energiereicher Anteil des Sonnenlichts, der innerhalb des elektromagnetischen Spektrums zwischen dem sichtbaren Licht und der Röntgenstrahlung liegt. Es wird unterschieden zwischen UV-A-Strahlen, die tief in die Haut eindringen, häufig Sonnenallergien auslösen und insbesondere die Hautalterung beschleunigen, und UV-B-Strahlen, die zwar nur bis in die Oberhaut eindringen, dort aber vor allem Sonnenbrand verursachen.

# Literaturverzeichnis

Alberts, Andreas/Mullen, Peter: Giftpflanzen in Natur und Garten: Bestimmung, Giftwirkung, Erste Hilfe. Extra: Giftige Zimmerpflanzen, Stuttgart, Franckh-Kosmos, 2003

Andres, Norbert: Aktuelle Kürbisrekorde, 2009, unter: http://www.kuerbisundco.de/pages/program/aktuell.html [08.10.09]

Arzenbacher, Dagmar: Das Kohlheft, Weimar/Berlin, verlag das netz, 2006

Biermann, Bernd/Kaiser, Doris: Gesund leben. Biologie Gesundheitslehre Hygiene für Berufs- und Berufsfachschulen, Troisdorf, Bildungsverlag EINS, 2009

Blinkert, Baldo: Aktionsräume von Kindern in der Stadt. Eine Untersuchung im Auftrag der Stadt Freiburg. Pfaffenweiler, Centaurus, 2005

Deutsche Gesellschaft für Ernährung e. V.: 10 Regeln der DGE, 2009, unter: www.dge.de/pdf/10-Regeln-der-DGE.pdf [06.10.09]

Deutsche Hautkrebs Stiftung: Warum eine Hautkrebsstiftung?, 2009, unter: http://www.hautkrebsstiftung.de/start.html [08.10.09]

Cornell, Joseph B.: Mit Kindern die Natur erleben, übers. v. Gabriele Kuby, Mülheim an der Ruhr, Verlag an der Ruhr, 1999

Edelmann, Jens: Geologische Erscheinungen entdecken und verstehen, Bielefeld, Reise Know-How Verlag Rump, 2003

Frohne, Dietrich/Pfänder, Hans Jürgen: Giftpflanzen. Ein Handbuch für Apotheker, Ärzte, Toxikologen und Biologen, Stuttgart, Wissenschaftliche Verlagsgesellschaft, 2004

Fthenakis, Wassilios E. (Hrsg.): Der Bayerische Bildungs- und Erziehungsplan für Kinder in Tageseinrichtungen bis zur Einschulung, Berlin, Cornelsen Scriptor, 2007

Gebhard, Ulrich: Kind und Natur. Die Bedeutung der Natur für die psychische Entwicklung, Wiesbaden, Westdeutscher Verlag, 2001

Gerhardt, Ewald: Der große BLV Pilzführer für unterwegs, München, BLV, 2007

Haller, Kerstin/Kummetz, Mechthild: Expedition Erde: Vulkane, Erdbeben, Wetter. Hintergrundwissen, Lernziele und Experimente zur naturwissenschaftlichen Bildung im Kindergarten, Troisdorf, Bildungsverlag EINS, 2007

Hentig, Hartmut von: Bildung. Ein Essay, Weinheim, Beltz, 2004

Kersting, Mathilde: Zwischen Anspruch und Wirklichkeit. Umsetzung von Ansprüchen an die Kinderernährung in ganzheitlichen Ernährungskonzepten, in: Ernährung in Kindertageseinrichtungen. Sonderausgabe der KiTa spezial, 2/2002

Kremer, Bruno P.: Heilpflanzen, Stuttgart, Franckh-Kosmos, 2003

Kreuzinger, Steffi: Naturerfahrungen und kindliche Entwicklung. In: Naturerfahrung im Kindergarten, hrsg. v. Institut für Bildung und Entwicklung im Caritasverband der Erzdiözese München und Freising e. V., München, Don Bosco, 2000

Lück, Gisela: Leichte Experimente für Eltern und Kinder, Freiburg i. Br., Herder, 2008

Molisch, Hans/Dobat, Klaus: Botanische Versuche und Beobachtungen mit einfachen Mitteln, Stuttgart, Gustav Fischer, 1979

Musil, Robert: Der Mann ohne Eigenschaften, Reinbek bei Hamburg, Rowohlt Taschenbuch Verlag, 2006

Nützel, Rudolf: Förderung des Umweltbewusstseins von Kindern. Evaluation von Naturbegegnungen mit Kindergartenkindern einer Großstadt, München, oekom, 2007

Nugel, Sabine: Biologie und Gesundheitserziehung für die sozialpädagogische Ausbildung. Mit Lehrerhandbuch, Troisdorf, Bildungsverlag EINS, 2009

Österreicher, Herbert/Prokop, Edeltraud: Kinder wollen draußen sein. Natur entdecken, erleben und erforschen, Velber, Kallmeyer, 2006

Österreicher, Herbert: Natur- und Umweltpädagogik für sozialpädagogische Berufe, Troisdorf, Bildungsverlag EINS, 2008

Österreicher, Herbert: Expedition Leben. Hintergrundwissen, Lernziele und Experimente zur naturwissenschaftlichen Bildung im Kindergarten, Troisdorf, Bildungsverlag EINS, 2009

Raith, Nikolaus und Schubel, Frauke (Hrsg.): Augen auf! Heimat- und Sachunterricht 2, Regensburg, Wolf, 2003

Reidelhuber, Almut: Umweltbildung. Ein Projektbuch für die sozialpädagogische Praxis von 3–10 Jahren, Freiburg i. Br., Lambertus, 2000

Schäfer, Gerd E.: Bildung beginnt vor der Schule. Thesen zum elementarbereich als eigenen Bildungsort, in: Theorie und Praxis der Sozialpädagogik TPS Kinder – Lernen – Bidung (Sammelband), Seelze, Kallmeyer'sche Verlagsbuchhandlung, 2002

Schumann, Walter: Der neue BLV Steine- und Mineralienführer, München, BLV, 2002

Sönning, Walter/Keidel, Claus G.: Wolkenbilder, Wettervorhersage, München, BLV, 2005

Thiesen, Peter: Arbeitsbuch Spiel. Für die Praxis in Kindergarten, Hort, Heim und Kindergruppe, Troisdorf, Bildungsverlag EINS, 2009

Thornton, Lina und Brunton, Pat: Lebendige Natur. Aktivitätenheft für die frühkindliche Bildung, Troisdorf, Bildungsverlag EINS, 2008

Wilken, Hedwig: Kinder werden Umweltfreunde. Umweltbildung in Kindergarten und Grundschule, München, Don Bosco, 2002

Wittmann, Josef: Physik in Wald und Flur. Beobachtungen und Gedanken eines Physikers in der freien Natur, Köln, Alis Verlag Deubner, 2000

# Bildquellenverzeichnis

© Rolffimages/Fotolia.com: Umschlagsbild

© Bildungsverlag EINS GmbH, Troisdorf/Angelika Brauner, Hohenpeißenberg: S. 9, 62, 82, 84, 98

© filtv/Fotolia.com: S. 17

© Karl-Heinz Nill/MEV Verlag, Augsburg: S. 41

© Svenja98/Fotolia.com: S. 46 (oben)

© Bernd Jürgens/Fotolia.com: S. 58 (oben)

© Bildungsverlag EINS GmbH, Troisdorf/Birgitt Biermann-Schickling, Hannover: S. 59, 60

© Maria.P./Fotolia.com: S. 80

© Peter Ferstl: S. 91

Alle anderen Fotos stammen von Herbert Österreicher. Viele dieser Fotos sind in pädagogischen Einrichtungen der Stadt München im Rahmen bestimmter umweltpädagogischer Projekte gemacht worden, wofür sich Autor und Verlag bedanken.

# Sachwortverzeichnis

**A**
Abfall 55, 57
Aggregatzuständen 90
Aktionsraum 28
Alkaloide 66
Allergene 81
Amphibien 75
anaphylaktischer Schock 81
Angst 79, 130
Animismus 12
Anthropomorphismus 12, 78, 129
Apfelboot 37
Arachnophobie 79
Art 65
Ausflüge 27, 30
Aussaatversuche 26, 63

**B**
Bakterien 95
Bauernregeln 105
Beta-Carotin 94
Bewegungsförderung 19
Bienen 81
binäre Nomenklatur 65
binäres Bestimmungssystem 65
Biologie 58
Biosphäre 61, 62
Biotop 83, 130
Biotoparche 87
Blattverfärbung 64
Blinde Reise 40
Blumentopfbrot 54
Boden 114
Bodenschätze 114
Borreliose (Lyme-Krankheit) 80
Botanik 65
Brachland 29, 131
Brennnessel 60, 61

**C**
Carotinoide 127
Chemie 93
Chlorophyll 63, 67, 126

**D**
Dendriten 133
Dichteanomalie des Wassers 91, 132
Dinge am Weg 35

**E**
Eichhörnchenspiel 39
Eidechsen 87
Eigenaktivität von Kindern 118
Einfühlungsvermögen 14
Einheiten 135
Eis 91, 111, 132
Ekel 130
Empathie 14
Energie 114, 126
Entwicklung des Spielens 34
epistemische Neugier 8
Erbse 49
Erdgeschichte 114
Erinnerungskarten 68
Ernährung 43, 44, 125
Ernährungskonzepte für Kinder 47
Eulen und Krähen 42
Evolution 8
Expertenwissen 115, 116
Explorationsverhalten 10
externe Fachleute 115

**F**
Familie 65
Farnen 126
Fichtenforst 85
Flächenmaße 136
Fledermaus und Nachtfalter 40
Flusstrübe 133
Fotosynthese 63, 126
Frösche 75
Früchtequiz 39
Frühjahrsblüher 105
Frühsommerenzephalitis (FSME) 80
Fuchsbandwurm 82

**G**
Gartengestaltung 19, 20, 21, 24, 120
Gärtnern mit Kindern 24
Gattung 65
Gemüsereis 53
Geologie 97
gequältes Gestein 134
Gesellschaft-Umwelt-System 62
Gestein 96
Getränke 45
Gewässererkundung 131
Gewicht 137
Giftpflanzen 69, 71, 127
gleichwarme Tieren 76
Goldregen 71
Granatamphibolit 101
Granit 99
Grün 64

**H**
Hagel 110, 132
Handlungsspielraum 10, 19
Handlungswissen 16
Haustiere 77, 78, 128
Hecke 130, 131
Herbstfärbung 126
Heuschrecken 89
Holunderblütensirup 52
Holzbock 80

# Sachwortverzeichnis

Hornissen 81
Hygiene 55, 56, 78
Hyphen 67

## I
Ich bin 41
Insekten 77
Insektenhotel 87
intrinsische Motivation 113

## J
Jahreszeiten 104

## K
Käfer 74
Kältestarre 77
Karottenkuchen 54
Kartenspiel 68
Kartoffel 49
Katastrophenpädagogik 119
Katzensilber 133
Kieselsucher 36
Klasse 65
Kleinklima 103
Kleintiere 128
Klima 103
Kreativität 11
Kreislauf der Natur 116
Kröten 75
Kulturpflanze 72
Kürbis 51, 125
Kürbissuppe 53

## L
Längenmaße 136
Lebensgemeinschaft 62, 114
Lernen 11, 16, 29, 118
Lichtmikroskop 59
Löslichkeit 93
Luftfeuchte 132
Lufttemperatur 132
Lumbricarium 88
Lurche 75

## M
Magmatite 98, 99
Magnete 102, 103
Magnetismus 102, 103

Marmor 99
Meerbälle 10
Mein Baum 38
Metamorphite 98
Mikroskop 59, 60
Mineral 96
Mitgestaltung 22
Möhre 94
Molche 75
Müll 55, 57
Müllprojekt 15
Myzel 67

## N
Nachtschattengewächse 66
Nahrungsnetz 84
Nahrungsvorrat 77
Naturerfahrungen 14
Naturerfahrungsspiele 32, 33, 124
Naturkundliche Museen 59
Naturphänomene 13
Naturspion 38
Neugier 7, 113, 118
Nutztiere 78, 128

## O
Ökologie 17, 61, 62, 126
Ökosphäre 62
Ökosystem 62
optimierte Mischkost „optimiX" 48
Ordnung 65
Organismus 62
Oxidation 133

## P
Pfaffenhütchen 71, 128
Pflanzengifte 127
Pflanzenhäuser 20
Pflanzenwachstum 62
Pflanzenzelle 60
Pfützen 86
Pilze 66, 67
Plattentektonik 100
Population 62

## R
Recyclingmaterialien 20
Regenbogen 107, 135

Regenwetter 106, 107
Regenwurmkasten 88
Riechrallye 39
Riesenbärenklau 72
Risiken 122
Risiko 31, 122

## S
Salamander 75
Sandstein 99
Schlafender Geizhals 35
Schneekristalle 90, 132
Schotterrasen 130
Schwimmfähigkeit 92
Sedimente 98
Sedimentite 98, 99
Seidelbast 71, 127
Selbstähnlichkeit 126
Selbstvertrauen 16
Selbstwirksamkeit 16
Sicherheitsrisiken 122
Sicherheitsvorschriften 122
Sorten 72
Spektralfarben 108
Spektrum des Sonnenlichts 109
Spinnen 79
Sporenpulver 68
Stechpalme 71
Steine 96, 100
Stoffkreisläufe 18
Stoffwechsel 18, 45
Stoffwechselendprodukte 56
Streicheltiere 77
Streuung des Sonnenlichts 109
Suchliste 8, 9
Symbiose 64

## T
Terrarium 88
Tiere 73
Tiere erraten 41
Tollwut 82
Toxizität 127
Tropfsteine 133
Tümpel 85

## U

Überwinterung 76
Umrechnungen 135
Umweltbewusstsein 12, 112, 119
umweltfreundliches Verhalten 15
Umweltpädagogik 14
Umweltschutz 112
UV-Strahlung 108, 109, 135

## V

Vergiftungen 70, 71
Vorbildfunktion 14, 112, 119

## W

Wachstumsfaktoren 25
Wahrnehmungsförderung 22
Waldrand 84, 131
Wanzen 74
Wärmeinseln 111
Wasser 90
wechselwarme Tiere 76
Weltwissen 14
Wertvorstellungen 12
Wespen 81
Wetter 103
Wetterphänomene 109
Wettervorhersage 106
Wiesenpflanzenbutterbrot 52
Wiesenpflanzen-Frühjahrssalat 52
Wildarten 72
Wildpflanze 72
Wildtiere 75, 76, 128
Wintergewitter 110
Winterruhe 77
Winterschlaf 77
Wolken 134
Wolkenbilder 106

## Z

Zecken 80
Zukunftsforschung 114